AF368755

EL ATEÍSMO NO ES
UNA RELIGIÓN

Eduard Honey

EL ATEÍSMO NO ES UNA RELIGIÓN

Las religiones son un invento humano

EDITORIAL
Letra Minúscula

Primera edición: marzo de 2022
ISBN: 978-84-19237-50-7
Copyright © 2021 Eduard Honey
Traducido por Juan Pedro Olmo Serrano
Editado por Editorial Letra Minúscula
www.letraminuscula.com
contacto@letraminuscula.com

Índice

Ateísmo es libertad

¡El ateísmo es una religión! Por mucho que se repita esta mentira no deja de ser menos falsa. En este libro derrumbaremos este mito y muchas otras ideas equivocadas sobre los ateos.

¿Por qué hay personas que piensan que el ateísmo es una religión? La respuesta puede ayudarnos a comprender muchas de las falsas acusaciones que los teístas hacen habitualmente contra el ateísmo.

Esto sucede porque se mueven dentro de un marco de pensamiento teológico con el que también juzgan al ateo. Piensan que si alguien critica a la religión lo que quiere es sustituirla por otra religión diferente, o que si se rechaza a Dios es porque queremos reemplazarlo por otra deidad.

En ese sentido tenemos que entender las equivocadas palabras del papa Benedicto XVI en su visita a España para participar en las Jornadas

Mundiales de la Juventud 2011, donde afirmó, refiriéndose a ateos y agnósticos, que «hay muchos que, creyéndose dioses, piensan no tener necesidad de más raíces ni cimientos que ellos mismos», vinculando de esta forma el ateísmo con la supuesta pretensión de convertir al ser humano en Dios.

El error en el que caen aquí los teístas es en juzgar de manera teológica algo que es contrario a ese tipo de pensamiento, que no forma parte de ese marco conceptual. Por eso son incapaces de interpretar el ateísmo como la negación de la existencia de Dios o de cualquier tipo de divinidad. El ateísmo, aunque algunos digan lo contrario, ni es una religión, ni una fe, ni aspira a sustituir a Dios por otra cosa.

El ateísmo sería dogmático si el ateo no estuviera dispuesto a modificar su posición inicial de negación de Dios y de otras deidades si se le ofrecen pruebas de que está equivocado más allá de cualquier duda razonable, algo que creemos que el teísmo no ha hecho de momento ni parece que vaya a hacer.

Ateísmo es libertad de pensamiento. Es no seguir a autoridades, sino solo a hechos. Es defender un escepticismo moderado que nos hace cuestionarlo todo. Es no aceptar nada como verdadero si no hay pruebas que lo respalden.

¿Qué es una religión?

Definir qué es una religión es una tarea que, sin duda, no es fácil. La dificultad radica en que existen numerosas manifestaciones del hecho religioso extraordinariamente distintas, lo que hace casi imposible elaborar una definición que las englobe a todas y que no sea excesivamente vaga y ambigua, adjetivos que nunca deberían aplicarse a una definición operativa.

La etimología del concepto «religión» puede ayudarnos en esta tarea. Tradicionalmente se han asociado dos significados a la palabra. En uno de ellos, extraído de un pasaje de Cicerón (*De natura deorum*, en español *Sobre la naturaleza de los dioses*), se vincula «religión» a la palabra *religens*, que es lo contrario de *negligens* (negligente). En este sentido alguien «religioso» (*religiosi*) sería cauto y minucioso, que hace las cosas con cuidado y atención. Esto nos remitiría a una cualidad moral de la persona.

El segundo origen etimológico que se baraja relaciona «religión» con *religare*, que significa vincular o atar. La religión señala un vínculo con la divinidad. Una persona religiosa estaría unida a Dios.

Ambos son relevantes porque nos muestran dos dimensiones fundamentales de este concepto: la moral y la trascendente.

Toda religión desarrolla, en mayor o menor medida, un código moral, unas ideas básicas sobre lo que está bien y lo que está mal. El grado de complejidad dependerá del desarrollo conceptual que tenga la religión en cuestión. Tenemos religiones como la cristiana o la musulmana que tienen elaborados códigos morales que afectan a casi todos los aspectos de nuestra vida, tanto pública como privada. Puede haber otras religiones menos desarrolladas en este aspecto, donde esa moral se reduzca a una serie de principios genéricos como «respetar a los ancianos» o formulaciones similares.

Pero la tenencia de una moral colectiva no es criterio suficiente para definir a una religión. Es necesaria la existencia de una realidad sobrenatural, de un Dios o dioses de los que emanan esos principios éticos trasmitidos al pueblo a través de profetas, chamanes u otras personas supuestamente capaces de interpretar los designios divinos.

Es decir, hablamos de religión cuando se da la presencia de una o de varias entidades (a las que podemos llamar «Dios» o de otras múltiples formas) que trascienden el mundo natural tal como lo conocemos y que generalmente están dotadas de unos poderes que son muy superiores a los nuestros.

Esta dimensión sobrenatural tampoco es suficiente por sí misma para que podamos definir a una religión. Los fantasmas, por ejemplo, son entidades sobrenaturales que nada tienen que ver con dioses. Se puede creer en espíritus y rechazar la religión. Las religiones se fundamentan en la creencia en una realidad sobrenatural, pero no todas las creencias basadas en lo sobrenatural son religiones. Esto me parece claro.

En el párrafo anterior he hablado de una «moral colectiva». No he usado esa expresión al azar. Afirmo que otra de las características definitorias de una religión es la presencia de una comunidad de creyentes. Un conjunto de creencias basadas en algún tipo de divinidad creadas y seguidas por una única persona difícilmente pueden ser calificadas de religión. Para que podamos hablar de religión necesitamos de un grupo de personas, aunque sea muy reducido, que siga ese credo.

Otro aspecto que me parece central es el hecho de que las religiones se basan en la creencia en realidades que no pueden ser demostradas racionalmente. Una religión no es una teoría científica. Por eso su núcleo básico de creencias se sustenta en la fe, aunque esas ideas sean contrarias a nuestro conocimiento de las leyes de la naturaleza, algo que tampoco tiene demasiada importancia para los seguidores de una religión, ya que creen en una realidad sobrenatural que no se rige por las leyes naturales que conocemos.

Un rasgo que también define a la religión es la presencia de líderes carismáticos, profetas, chamanes u otras personas que tienen una comunión directa, o más cercana que la mayoría, con la divinidad. Por eso es habitual que muchas religiones tengan estructuras jerarquizadas donde los líderes son los encargados de vincular la relación de los creyentes con las deidades correspondientes.

Esos líderes pueden ser personas vivas o antiguos profetas a los que Dios entregó la palabra relevada y los preceptos que los fieles deben seguir. En algunos casos ese líder espiritual puede tener la función de maestro ritual, de trasmisor de los mensajes de los espíritus o de Dios. Es alguien carismático, una autoridad que guía a los demás en su relación con lo sobrenatural.

Finalmente destacaré un último aspecto que me parece que es común a la gran mayoría de religiones: la realización de actos rituales destinados al culto a la divinidad. Estos pueden ser complejas ceremonias simbólicas como la misa católica o danzas y cánticos tribales destinados a ganarse el favor de los dioses para que las cosechas sean abundantes. El rito y el símbolo tienen un papel central en las religiones.

El ateísmo no es una religión

Una de las críticas que los teístas lanzan habitualmente contra los ateos es la siguiente: el ateísmo es una religión. Juan Pablo II en su encíclica *Fides et ratio* denuncia también «diferentes formas de humanismo ateo, elaboradas filosóficamente, que presentaron la fe como nociva y alienante para el desarrollo de la plena racionalidad». Esas formas de humanismo, según él, «no tuvieron reparo de presentarse como nuevas religiones».

Según mi parecer hay seis características que nos permiten definir a una religión:

1) Una moral colectiva fundamentada en la divinidad.

2) La creencia en una realidad sobrenatural.

3) La existencia de una comunidad de creyentes.

4) Un núcleo básico de creencias sustentado en la fe.

5) La presencia de personas que guían a los fieles en su relación con la divinidad.

6) La realización de actos rituales destinados al culto de lo divino.

Lo que voy a hacer a continuación es ver si el ateísmo cumple alguna o todas estas características.

La primera de ellas es evidente que no. El ateo no puede suscribir una moral fundamentada en Dios por la simple razón de que no cree en él. Esto no significa, tal como afirman muchos teístas, que el ateo no crea en una moral objetiva, puede creer en ella o no, pero lo que rechaza es que el fundamento de la moral descanse en algún tipo de deidad.

El ateo no es necesariamente un relativista o un nihilista que piensa que no existe ninguna diferencia entre lo que está bien y lo que está mal. Ser ateo no implica ser malo, un vicioso o un egoísta al que solo le importa su propio placer o bienestar. No hay ninguna conexión necesaria entre creer o no en Dios y tener un comportamiento que podríamos considerar correcto desde un punto de vista moral.

La segunda característica que hemos señalado no admite una respuesta tan clara. El ateo niega la existencia de un tipo de realidad sobrenatural, aquella que consiste en Dios, dioses o deidades de cualquier otro tipo, pero podría creer en la existencia de seres sobrenaturales como los fantasmas.

Esta posibilidad, que debemos considerar teóricamente, no se da habitualmente en la realidad. Creo no equivocarme si afirmo que la mayoría de los ateos extiende su negación de Dios y de la religión a todo lo que podemos calificar de sobrenatural. Debemos, pues, negar la segunda característica con los matices que he señalado.

Tercera característica: la existencia de una comunidad de creyentes. Evidentemente hay asociaciones y agrupaciones de ateos en muchos países del mundo. Esta presencia masiva del ateísmo en nuestro tiempo es algo novedoso en la historia. No es hasta el siglo XX, gracias sobre todo al comunismo, que el ateísmo se convierte en un movimiento de masas que aspira a ser hegemónico.

Debido al dominio histórico de la religión los ateos han sido normalmente individuos aislados que debían ocultar sus opiniones por miedo a ser perseguidos, encarcelados y ejecutados. Pero no parece que las asociaciones de ateos sean distintas de las asociaciones deportivas o gastronómicas, de las sociedades científicas o culturales o de cualquier otro tipo de comunidad de intereses surgida en el seno de la sociedad civil. Y sí parece que las religiones son esencialmente distintas a este tipo de agrupaciones que antes hemos señalado.

Esto es así porque los ateos no rinden culto a nada ni se consideran unidos por una fe común, aunque pueden compartir ideas similares sobre una cierta concepción del mundo. No creemos, pues, que el ateísmo cumpla esta característica de las religiones.

En el cuarto rasgo mencionaba la presencia de «un núcleo básico de creencias sustentado en la fe». El ateo lo que hace es constatar la falta de pruebas objetivas del teísmo. Es una postura que surge de la razón, no de la fe, es decir, de la creencia irracional.

Todo ateo que no caiga en un dogmatismo absurdo estará dispuesto a plantearse su ateísmo si se le ofrecen buenas razones para hacerlo. Con el seguidor de una religión no se pueden discutir sus creencias básicas porque ellas están más allá de cualquier argumento racional. Afirmamos que el ateísmo no cumple tampoco este rasgo de las religiones.

La quinta y sexta característica pueden ser respondidas en conjunto de manera negativa. No es posible que dentro del ateísmo haya líderes religiosos (como el papa de Roma, un chamán o un rabino judío) encargados de vehicular la relación de los fieles con el Dios de su religión por la simple razón de que el ateo niega cualquier tipo de Dios.

Es posible que dentro de la literatura atea haya autores de referencia como Nietzsche o Marx. Pero estas autoridades nada tienen que ver con una guía de tipo espiritual. Puede haber pensadores de referencia como los hay en biología, matemáticas o espeleología. Sin embargo, ellos nada tienen que ver con el papel que juegan los profetas de las religiones del mundo.

Tampoco conozco ningún tipo de ritual relacionado con el ateísmo y que sea practicado por los seguidores de esta idea. Alguien puede alegar que el matrimonio civil o las ceremonias de acogida civil de los niños, que pueden pretender sustituir al bautismo cristiano, son actos ateos. Sin embargo, en esas ceremonias no se celebra el ateísmo, aunque los que participen en ellas puedan serlo. Muchas personas se casan por la Iglesia católica sin creer en sus ideas porque piensan que la ceremonia es más vistosa o para seguir una tradición familiar. El participar en estos actos civiles no implica ninguna conexión con el ateísmo; personas profundamente religiosas se casan por lo civil porque están divorciadas y no han obtenido la nulidad eclesiástica de su matrimonio anterior.

La conclusión que podemos sacar de este breve análisis es clara: el ateísmo no es una religión.

La falsa tristeza del ateo

El no creer en Dios, ni en ninguna entidad sobrenatural, no nos empuja a la melancolía o al suicidio, sino todo lo contrario. Pienso que eso debe ser un aliciente para valorar la vida como un fenómeno extraordinario dentro del universo, como el fruto de millones de casualidades que nos han conducido a este momento.

Si no existe nada después de la muerte no podemos lamentarnos o esperar un futuro mejor que nunca llegará. Esa idea debe conducirnos a intentar mejorar el mundo para lograr que la mayor cantidad posible de seres humanos puedan desarrollar su proyecto vital y logren alcanzar la felicidad.

Durante siglos la humanidad se ha dedicado a esperar que la vida pasara para poder disfrutar del más allá. Ha ignorado el dolor y lo ha considerado un merecido castigo divino por nuestros pecados. Por eso el teísmo ha sido un obstáculo en la lucha contra el mal, aunque sus defensores digan lo contrario.

Desde que una parte importante de la humanidad se ha librado del yugo mental de la religión nos hemos convertido cada vez más en dueños de nuestro propio destino. Debemos, por lo tanto, luchar por reducir el sufrimiento al máximo, por construir sociedades más justas y libres. El ateísmo puede ser la mejor forma de apreciar la belleza que nos rodea y de trabajar para que la luz de la razón venza a las tinieblas de la ignorancia y del miedo.

Religión y empatía

La empatía es la capacidad para ponerse en el lugar del otro. Es comprender que lo que sienten y viven los demás es básicamente lo mismo que sentimos nosotros. Su gran enemigo es el egoísmo, la falsa creencia de que somos islas aisladas que se relacionan entre sí solo buscando algún tipo de beneficio. Eso es falso porque todos estamos conectados con todos de una manera esencial y profunda, aunque no seamos conscientes de ello.

Hay muchos obstáculos que impiden y dificultan la empatía. Uno de los principales es la religión. Durante miles de años los líderes religiosos nos han prometido el amor universal y la concordia entre los seres humanos. Pero lo que nos han dado es fanatismo, guerras y violencia. El paraíso prometido por casi todas las religiones se ha convertido en un infierno. La mayor parte de la gente sigue alguna confesión religiosa. Y a pesar de ello el mundo vive inmerso en el conflicto y desgarrado por el dolor.

¿Por qué pasa esto? La respuesta es simple. Hemos creado un ideal que se ha convertido en más importante que las personas, algo que hace imposible la empatía. La religión es una barrera mental que nos encadena a dogmas y que nos hace obedecer ciegamente a las jerarquías eclesiásticas que se consideran depositarias de esas ideas dogmáticas que ellos mismos han creado. La vida de la gente se convierte en algo secundario frente a la revelación divina que defienden algunas de las religiones más importantes.

No podemos ponernos nunca en el lugar del otro si pensamos que es irrelevante en comparación con la verdad absoluta de la religión. Y no puede haber empatía cuando no somos totalmente libres para comprender a los demás y para entendernos a nosotros mismos. La fe no es una forma de libertad, sino una esclavitud aceptada. Si alguien decide ser un esclavo no es libre, continúa siendo un prisionero, aunque lo sea por voluntad propia.

Para que la empatía surja hay que renunciar al dogma y no crear ideales absolutos que se acaban convirtiendo en instrumentos de control social. Solo renunciando a la seguridad que nos da el seguir a otros podremos encontrar el camino que nos lleva a la verdad. Y cuando desaparecen los ideales que nos dividen, la empatía es algo natural. Si todos comprendiéramos que es más importante lo que nos une que lo que nos separa, las luchas incesantes por las que morimos y matamos dejarían de tener sentido.

Justicia imperfecta

El cristianismo intenta lograr una explicación del mal que satisfaga a sus creyentes recurriendo al pecado original. Dios crea al ser humano, a Adán y a Eva, y los instala cómodamente en el Edén, donde disfrutan de una existencia paradisíaca. Pero Satanás tienta a la mujer y la convence de que coma la fruta prohibida del árbol de la ciencia del bien y del mal. Ella, a su vez, anima a Adán a probar la fruta prohibida y ambos son condenados por Dios a vivir fuera del Paraíso. Cuando la divinidad los expulsa dice a Adán: «Maldito sea el suelo por tu causa; con fatiga te alimentarás de él todos los días de tu vida» (*Génesis* 3, 17). El primer hombre y mujer, al desobedecer a Dios, condenan a toda la humanidad a vivir en un mundo degradado y corrupto donde existe el mal.

Esta situación solo se podrá resolver en el Juicio Final, cuando el mundo, tal como lo conocemos, desaparezca y sea purificado, creándose, por lo tanto, «un cielo y una tierra nuevos» (*Apocalipsis* 21, 1), donde Dios «secará toda lágrima de los ojos, y la muerte no existirá ya, ni habrá más dolor ni grito, ni fatiga» (21, 4). Pero únicamente los buenos podrán disfrutar de la presencia divina en ese nuevo Edén, porque los malvados sufrirán para siempre, su alma y su cuerpo resucitado, «en el lago ardiente con fuego y azufre, que es la muerte segunda» (21, 8).

El mal, de esta forma, es compatible con un Dios bondadoso. El bebé asesinado en la cámara de gas de Auschwitz resucitará de nuevo, recuperará su cuerpo y vivirá toda la eternidad al lado de sus seres queridos si han sido merecedores de ese premio. Sus asesinos, en cambio, deberán arder y sufrir para siempre en el lago de fuego, que es el infierno definitivo. Así la justicia infalible de Dios triunfa y los buenos son recompensados.

Por supuesto, desde mi perspectiva atea, este discurso es contrario a la razón. Es una elaboración mitológica que puede tener un cierto atractivo literario, pero que realmente no sirve para solucionar nada. El ateo piensa que el mal no necesita ser explicado a través de mitos que nos hablan del Edén o de un extraño lago de fuego donde los cuerpos de los malvados son castigados.

La justicia perfecta alcanzada después del Juicio Final es solamente la proyección de un deseo imposible de lograr. Ninguna sentencia es capaz de resarcir a unos padres cuyo hijo ha sido asesinado. Pero un hipotético Dios sí podría hacerlo, ya que tiene el poder de resucitar y de condenar a un alma a vivir en el cielo o en el infierno.

Desgraciadamente, esa justicia infalible no está al alcance del ser humano. Es solo una fantasía inalcanzable. Lo único que podemos hacer es intentar mejorar nuestra justicia imperfecta.

Experiencias espirituales

Giacomo Soleri afirma en el libro *Ateísmo en nuestro tiempo* (1967, pág. 287) que hay un aspecto que subyace en todos los ateísmos, es lo que denomina «la autonomía fenoménica de la experiencia inmediata». ¿Qué significa esto? Se refiere a «la autonomía del orden natural, inteligible en su ser y en su actuación sin necesidad de recurrir a la divinidad para justificarla». Es decir, la naturaleza se basta a sí misma y puede encontrar una explicación de su funcionamiento y de su propia existencia sin recurrir a Dios.

La negación de la existencia de Dios se basa para Giacomo Soleri en que los científicos y los filósofos suprimen «del plano de la existencia todo aquello que no es constatable por los sentidos o por sus instrumentos de trabajo». Solo existiría para ellos aquello que puede ser objeto de experimentación científica, lo que excluye la existencia de Dios. Este autor hace, además, una afirmación que no es compartida por muchos otros teístas: «Nunca podremos hallar vestigios de Dios en nuestra investigación del mundo».

Sin embargo, esto no implica caer en el ateísmo porque: «Hay verdades que no son tangibles ni verificables científicamente, porque pertenecen a un plano superior, metafísico, que regulan "desde dentro" la vida de los seres, de las cosas, de los hombres. Y entre este trenzado de experiencias espirituales que llenan la vida humana, y son intraducibles en experiencias científicas —el amor, la bondad, la belleza, la verdad...— se incluye la existencia de Dios».

Tiene razón este autor cuando afirma que los ateos no necesitamos recurrir a Dios para explicar el mundo. Pero para salvar su teísmo postula la existencia de un «plano superior» de experiencias espirituales donde debemos incluir la experiencia religiosa. Al hacerlo Soleri mezcla cosas distintas.

Todos los ateos podemos experimentar, igual que cualquier otra persona, el amor o la belleza sin recurrir a una realidad superior. Pero la experiencia de algo no es una prueba de la existencia de aquello que provoca la experiencia. Los teístas no se conforman con hablar de una experiencia divina, sino que afirman que ese Dios que experimentan existe realmente más allá de esa experiencia.

La belleza que sentimos al ver un cuadro no necesita de una idea perfecta de belleza que viva en otra realidad metafísica, tal como pensaba Platón. Por eso es un error comparar esas ideas con la existencia de Dios.

Tras miles y miles de años de experiencias espirituales teístas de todo tipo, no tenemos ni una sola prueba objetiva de la existencia de los dioses o divinidades que supuestamente las provocan.

¿Por qué no soy agnóstico?

José Ferrater Mora en su conocido *Diccionario de Filosofía* dice que «un agnóstico no declara, por ejemplo, que no existe Dios, sino que no sabe si Dios existe o no». Dice, además, que «E. Tierno Galván ha distinguido entre ateísmo y agnosticismo, poniendo de relieve que mientras en el primer caso hay una voluntad de que no exista Dios, en el segundo no la hay».

Me parece equivocada esta afirmación de Tierno Galván. Una de tantas falsedades que se han dicho sobre el ateísmo. El ateísmo no consiste en desear la no existencia de Dios, sino que es una hipótesis racional basada en nuestro conocimiento actual del mundo. Y todo parece apuntar a que ese ser todopoderoso en el que creen muchas religiones es un mito.

Los agnósticos afirman que no se ha demostrado la no existencia de Dios (o de lo sobrenatural) y que, por lo tanto, nada podemos decir sobre ese asunto. Aquí hay que decir algo que no me canso de repetir: la carga de la prueba la tiene el que afirma. Y después de miles de años de creencias teístas sus seguidores no han aportado ni una sola prueba objetiva de la existencia de seres sobrenaturales.

El agnosticismo olvida que existe un conocimiento previo del mundo que nos es proporcionado por la ciencia. Y todo lo que sabemos de la naturaleza es incompatible con la existencia de seres sobrenaturales o dioses. Que alguien resucite de entre los muertos o camine sobre el agua contradice todas las leyes de la física y de la biología que conocemos.

El ateísmo no es un dogma o la expresión de un deseo personal, es una hipótesis racional probabilística que puede ser falsada si aparecen nuevas pruebas. Si mañana se demostrara más allá de toda duda razonable que hay un Dios, los ateos deberíamos abandonar nuestra postura.

Por desgracia para los teístas, eso no ha sucedido ni parece que vaya a suceder en el futuro. Todo nuestro conocimiento científico nos lleva a pensar que ese Dios al que muchos adoran es solo un invento de nuestra mente.

Creo no equivocarme si digo que muchas veces el agnosticismo es la máscara bajo la que se ocultan algunos teístas inconfesos que prefieren refugiarse en ese terreno del «no se sabe» para seguir albergando creencias irracionales. Los agnósticos, seguramente sin pretenderlo en muchos casos, acaban siendo los perfectos aliados de los teístas, ya que les dejan vía libre para sus ideas.

Una crítica al ateísmo

En su libro *Lecciones sobre el ateísmo contemporáneo* (Gredos, 1971) Roger Verneaux critica desde posiciones teístas el ateísmo marxista y el existencialista al considerar que son las únicas formulaciones doctrinales ateas que merecen ser estudiadas, algo que se justifica por el momento en el que escribió este ensayo.

El ateísmo que defiendo no se puede identificar con ninguna de esas dos doctrinas ya que lo calificaría de racionalista.

Este autor sostiene que para el marxismo el mundo «es auto-explicativo: contiene toda la racionalidad y no requiere explicación» (pág. 29). Para el existencialismo, en cambio, «es anti-explicativo: es absurdo y rebelde a cualquier explicación».

Según mi parecer, el mundo debe y puede ser explicado a través de la racionalidad y la ciencia gracias al descubrimiento de las leyes de la naturaleza y la reflexión rigurosa sobre las diferentes realidades humanas. Ese intento de explicación debe ser inmanente, es decir, basarse en el propio mundo y no en realidades inaccesibles para el entendimiento humano.

Sin embargo, «en ambos casos el resultado es el mismo: la metafísica queda abolida porque el hombre solo se abre a su mundo y se cierra a todo lo relacionado con el más allá».

El ateísmo que defiendo es perfectamente compatible con la metafísica, entendida como la reflexión sobre conceptos que no son empíricos. Lo que pasa es que esta metafísica no acepta la existencia de un «más allá» sobrenatural y misterioso que solo puede ser comprendido por algunos presuntos iluminados por Dios.

El problema es que muchos teístas identifican la metafísica con su propio teísmo (igual que también equiparan a Dios con el bien), y la negación del teísmo los lleva a pensar que eso conduce a la negación de toda metafísica, algo que es falso. El ateísmo es perfectamente compatible con la metafísica, eso sí, con una metafísica atea.

Para R. Verneaux, esta negación de la metafísica tiene «una consecuencia capital: que toda vía de acceso [a Dios] que no sea la fe, toda vía filosófica, pues, o, dicho de otro modo, racional, se halla cerrada». La vía racional se cierra no por la negación de la metafísica, algo que sería un suicidio para la propia razón, sino porque es imposible demostrar racionalmente la existencia de Dios, al menos con las pruebas que tenemos hoy.

El único refugio seguro que le queda al creyente es su fe, es negarse a ver la realidad y decir ante cualquier argumento racional: «Yo creo». De todas formas, la razón siempre ha tenido, tiene y tendrá un papel secundario dentro del teísmo, ya que su base es la creencia irracional en la existencia de un mundo sobrenatural.

Respuesta a Peter Higgs

Peter Higgs saltó a las portadas de la prensa mundial gracias al descubrimiento del bosón que lleva su nombre. A esa partícula se le ha puesto el sobrenombre de «la partícula de Dios». Un apodo que nada tiene que ver con la física, sino más bien con la búsqueda fácil de un titular llamativo.

Cuando alguien se convierte en una autoridad en un campo del saber, se le pregunta por todo, incluso por temas que nada tienen que ver con su disciplina.

El caso más llamativo de esto es quizás el de Albert Einstein, al que se cita a diestro y siniestro en casi cualquier asunto. Estoy convencido de que muchas frases que se le atribuyen seguramente ni son suyas o han sido sacadas de contexto. Einstein mantuvo, además, una confusa posición en temas religiosos. En algunos casos parece ser teísta o panteísta y en otros se decanta por el ateísmo. Por ejemplo, hace poco se subastó una carta donde decía que «la palabra Dios para mí no es más que la expresión y el producto de la debilidad humana y la Biblia una colección de honorables, pero primitivas leyendas».

Por desgracia, Peter Higgs ha decidido sumarse a la nómina de científicos que opinan de lo humano y de lo divino con unas declaraciones donde dice que la ciencia y la religión «pueden ser compatibles, con tal de que uno no sea dogmático». La mayoría de las religiones sostienen creencias, como la resurrección, que contradicen todo lo que los científicos han descubierto a lo largo de muchos siglos de trabajo y esfuerzo.

La ciencia y la religión son incompatibles porque la primera se basa en la razón, en un método científico basado en datos empíricos y en teorías que pueden ser falsadas. La religión, en cambio, se aferra a creencias que no pueden ser demostradas de manera objetiva.

Es cierto que grandes científicos pueden ser creyentes. Esas son contradicciones que se dan en muchas personas. En sus laboratorios aplican un método de investigación que invalidaría esas creencias religiosas y después se dedican a adorar a un Dios del que no poseen ninguna evidencia científica.

Me parecen también desafortunadas sus críticas a Richard Dawkins: «No estoy en contra de la gente religiosa, salvo que se comporten como fanáticos extremistas. El problema de Dawkins es que concentra todos sus ataques contra los fundamentalistas, pero evidentemente no todos los creyentes lo son. En ese sentido, creo que a veces es el propio Dawkins quien acaba adoptando una postura fundamentalista, en el extremo opuesto».

Le diré al señor Higgs que yo tampoco estoy en contra de las personas religiosas y no creo que Dawkins lo esté. Aquí de lo que se trata es de la verdad o de la mentira de las creencias religiosas y de las consecuencias que tienen ese tipo de ideas. Casi todos rechazamos el fanatismo, pero eso no quiere decir que los creyentes más moderados estén en lo cierto. Luchar contra el fundamentalismo apelando a la razón no es caer en lo que se critica, sino hacer una contribución valiosa al progreso de la humanidad.

Respuesta a Benedicto XVI

Benedicto XVI afirma que las tres vías para responder al ateísmo, al escepticismo y a la indiferencia religiosa son: 1) la belleza de la creación, 2) el descubrimiento de la aspiración al infinito que todo hombre lleva dentro de sí y 3) el testimonio de una fe que nace del encuentro con Cristo.

Este argumento de la belleza no es nuevo. Pensar que todo lo que existe ha sido creado para nuestro goce estético me parece un acto de soberbia intelectual sin sentido. Resulta chocante que un Dios todopoderoso cree el universo, miles de millones de galaxias que, a su vez, tienen miles de millones de soles en su interior, y el sentido de esa evolución, que ha tardado más de 13.700 millones de años, sea nuestro disfrute. ¿Por qué esperar todo ese tiempo a que surja el ser humano en un minúsculo planeta? Si ese es el comportamiento de un ser todopoderoso, no demuestra mucha inteligencia, ya que podría haber creado al ser humano desde el principio.

Es cierto que el hombre tiene una aspiración al infinito, o, mejor dicho, un deseo de trascender a su existencia limitada. Pero eso no demuestra nada. Que deseemos ser inmortales no significa que lo seamos o que exista algún ser inteligente que lo sea. Del deseo a la realidad hay una gran distancia.

Respecto al testimonio recuerdo que en la Biblia se dice que «es más fácil que un camello pase por el ojo de una aguja, que el que un rico entre en el reino de Dios». Resulta contradictorio que un anciano rodeado de lujos increíbles y que vive en un palacio hable de testimonio cuando las riquezas inmensas que le rodean contradicen el mensaje de Jesús.

Si algo escasea en la Iglesia católica es un testimonio de vida cristiana, sobre todo entre las jerarquías eclesiásticas que se dedican a dar lecciones morales a los demás.

La fe es irracional

Debemos abordar el análisis de las relaciones entre la fe y la razón si queremos lograr un entendimiento profundo del fenómeno religioso. Esto implica adentrarnos en la esencia del ser humano, en las relaciones entre la ciencia y este tipo de creencias. Si logramos comprender los principios sicológicos que impulsan a la gente a tener fe, avanzaremos de manera sustancial en el conocimiento de nosotros mismos.

La fe es la creencia en algo sin evidencias objetivas que demuestren aquello en lo que creemos. Debemos estar alerta ante el significado polisémico que posee esta idea para evitar confundirnos con sus diferentes acepciones. A veces esta palabra se utiliza como sinónimo de confianza. Por ejemplo, mucha gente afirma que tiene fe en el futuro o en una persona. Esto quiere decir que confía en que las cosas le irán bien o que cree que alguien es de fiar. Este tipo de confianza no es necesariamente negativa, ya que puede estar basada en nuestro juicio racional o en nuestra capacidad para valorar las aptitudes de alguien. Aquí no voy a hablar de eso, sino de la fe en el ámbito religioso.

La fe es la aceptación de una verdad que no es racional. Es creer firmemente en algo de lo que no se tienen pruebas. Si tuviéramos la constatación científica de la existencia de un Dios todopoderoso (si esto es posible, ya que imaginarse algo así sin duda es difícil), no sería necesaria la fe religiosa.

Todos los que no creemos en este tipo de cosas sobrenaturales, si mañana mismo se produjera la resurrección de los muertos, el Juicio Final y se materializaran ángeles, diablos y todos esos seres fantásticos de los que hablan muchas religiones, sin duda estaríamos obligados a abandonar nuestro escepticismo y deberíamos aceptar esas creencias.

Aquí ya estamos en condiciones de señalar una de las diferencias radicales entre la fe y la razón. Los postulados científicos pueden ser falsados, es decir, es posible hipotéticamente presentar pruebas que demuestren que una teoría es falsa. Si no hay posibilidad de falsación entonces ya no estamos dentro del ámbito de la ciencia, sino en otra cosa distinta.

El ateísmo, cuando es bien entendido, no es un dogmatismo ideológico comparable al de las religiones. Es cierto que puede haber ateos dogmáticos y, sin duda, los ha habido a lo largo de la historia. No obstante, los que incurren en este error traicionan el verdadero espíritu del ateísmo, que debe ser siempre una postura surgida de la libertad de la razón y no del acatamiento de absurdos postulados ideológicos.

El ateísmo no es una religión, sino que es un posicionamiento filosófico al que llegamos después de analizar racionalmente la realidad. Es una hipótesis probabilística que se fundamenta en nuestro conocimiento actual del mundo. Siempre existe la posibilidad de que en un futuro nuevas pruebas nos hagan abandonar esta hipótesis atea. Sin duda una demostración científica de Dios o de las verdades de la religión debería ser extraordinariamente clara. Hay que considerar la posibilidad, por remota que nos parezca, de que podamos estar equivocados y de que quizás algún día se demuestre la verdad del teísmo. Sinceramente no creo que esto vaya a suceder jamás, aunque debamos contemplar esta hipótesis teórica.

Muchas personas se aferran a sus creencias religiosas y buscan cualquier resquicio aparentemente racional donde agarrarse. Afirman, de manera equivocada, que de la misma forma que no existen pruebas de la existencia divina, tampoco las hay de lo contrario. Y ante la duda prefieren seguir creyendo o afirman ser agnósticos cuando, en el fondo, siguen albergando creencias de carácter sobrenatural.

Las personas que razonan de esta forma olvidan algo evidente: la carga de la prueba la tiene el que afirma. No se demuestra la no existencia de algo, sino que los que dicen que hay un Dios (o algo parecido) son los que tienen la obligación de demostrar aquello en lo que creen.

Sin embargo, después de miles de años de creencias teístas, de que mentes brillantes en la ciencia y en la filosofía hayan elaborado complejos argumentos, como el llamado ontológico o las cinco vías de santo Tomás de Aquino, no han sido capaces de aportar ni una sola prueba objetiva que demuestre la verdad de su fe.

Hay otro hecho fundamental en este asunto que se suele olvidar. Me refiero a lo que llamo conocimiento antecedente. Esta expresión abarca el conjunto del saber científico que la humanidad ha ido descubriendo a lo largo de su historia. Y todo lo que sabemos del universo y de nosotros mismos contradice las afirmaciones que hacen las religiones.

Esto lo entenderemos claramente con un ejemplo. La mayoría de las religiones afirman que existe el alma o una nueva vida que se inicia con la muerte física. No obstante, después de haber analizado el cuerpo humano con aparatos tecnológicos cada vez más sofisticados, a pesar de que la medicina ha avanzado de manera extraordinaria en los últimos siglos, nunca hemos encontrado ninguna evidencia que demuestre la existencia de algo a lo que podamos llamar alma, un espíritu inmortal que habita nuestro cuerpo y que nos abandona cuando morimos.

De la misma forma, nadie ha regresado nunca de la muerte, ni creo que eso vaya a suceder. Lo lógico, pues, es pensar que todas estas ideas sobre el alma o una vida inmortal son falsas, aunque a algunos les cueste aceptarlo.

La hipótesis más razonable es pensar que cuando alguien muere sucede simplemente lo que vemos. Su cuerpo se corrompe con el paso del tiempo y esa persona desaparece para siempre. Lo único que queda de ella son los recuerdos que tenemos los vivos y sus huellas en este mundo, sus objetos, sus ideas si han sido escritas o grabadas de alguna forma.

Todo lo que sabemos de la naturaleza, nuestro conocimiento científico, médico y físico, invalida la hipótesis del teísmo. La ciencia contradice las afirmaciones de las religiones. Estoy convencido de que cuanto más investiguemos y más sepamos del mundo tan complejo que nos rodea el ámbito de la ignorancia del que se nutre la fe cada vez será más reducido. Aunque también parece evidente que esto no afectará demasiado a los creyentes, ya que ellos se seguirán aferrando a sus creencias como han hecho siempre, ajenos a cualquier descubrimiento científico que pueda invalidarlas. Nada de lo que diga la ciencia les hará cambiar de opinión.

En el fondo todo este tema de la religión, que parece extraordinariamente difícil de resolver, es simple. En las bibliotecas del mundo se acumulan miles y miles de libros donde se intenta demostrar la existencia divina, donde se reflexiona sobre textos religiosos, sobre lo dicho por hombres considerados profetas o incluso por el mismísimo Dios que ha venido a la tierra a morir por nosotros. Complicadísimas reflexiones intentan demostrar la verdadera fe. Necesitamos enfocar este asunto de una manera mucho más radical, con una mente libre de prejuicios y ajena a una tradición que nos impide profundizar en él.

Si somos capaces de hacerlo, descubriremos una verdad que me parece evidente. El ser humano ha inventado la religión para satisfacer sus propias necesidades internas, para dar respuesta a su ignorancia, a su miedo, a sus deseos más íntimos. Le asusta la muerte. No quiere morir ni desea separarse de sus seres queridos. No conoce cuál es el origen del universo y es incapaz de encontrar respuestas a algunas de las preguntas fundamentales de su existencia. Por eso inventa la religión, el alma o la reencarnación.

No le satisface la realidad en la que vive. Quiere existir para siempre, desea que haya una justicia perfecta que haga que los buenos sean recompensados con la vida eterna en el Paraíso y que castigue a los malos. Como no puede tener nada de todo esto, y el mundo le parece un lugar oscuro en muchos aspectos, elabora toda una complicada mitología religiosa, una respuesta a sus anhelos más profundos. Dios no crea al ser humano, sino que el hombre se inventa a Dios para encontrar una respuesta a sus deseos, a su ignorancia y al miedo que encoge su corazón.

Allí donde no llega la ciencia, el vacío de la ignorancia siempre podrá ser llenado por la fe religiosa. Cuanta más felicidad haya en el mundo, menos necesidad tendremos de creer en dioses. Por eso existe una clara conexión entre el desarrollo y el ateísmo. La mayoría de los países más avanzados son los que poseen un mayor índice de ateos. Y en los países más subdesarrollados, por ejemplo, en el continente africano, el ateísmo prácticamente no existe.

No obstante, por mucho progreso económico y cultural que tengamos, siempre existe el dolor que nos provoca la muerte y el deseo de encontrar un sentido trascendente a la vida. Por eso las religiones, por mucho que avancemos en el ámbito de la técnica, siempre tendrán tierra en la que arraigar.

La prueba de que pueda haber desarrollo material y conservarse una fuerte tradición religiosa la encontramos en Estados Unidos. Una de las sociedades más avanzadas y también un país donde la religión ocupa un lugar central.

Es necesario para combatir el fenómeno religioso también un cambio mental, una comprensión profunda de nuestro intelecto, de las razones que nos impulsan a aceptar una fe religiosa.

Uno de los mayores errores que podemos atribuir a muchas religiones, en especial al cristianismo, es que provocan la aceptación del mal en el mundo como un hecho natural, inevitable, provocado por culpa del pecado original, que es responsabilidad nuestra. Los cristianos santifican el sufrimiento, adoran a un Dios crucificado que ha venido a este mundo a morir por nosotros.

Lo que debemos hacer, en cambio, no es glorificar a los que sufren, sino luchar con todas nuestras fuerzas para terminar con el dolor en el mundo.

El cristianismo considera que el ser humano es responsable de todo su sufrimiento y que nuestro destino natural es padecer para siempre. Afirma, además, que ese dolor inmenso solo podrá ser superado gracias a la intervención de un Dios misericordioso.

Se equivocan totalmente. La responsabilidad del sufrimiento, sin duda, es en gran parte nuestra, ya que podríamos acabar con muchos de los males que azotan a la humanidad. Hay gente que pasa hambre o vive en la miseria absoluta cuando hemos alcanzado un nivel de desarrollo que nos permitiría que todos viviéramos dignamente.

Esta es, sin duda, una de las mayores pruebas de que el ser humano se comporta de una forma irracional y egoísta. También hay males, llamados naturales, como las catástrofes (terremotos, ciclones, etc.) o las enfermedades, de los que no tenemos ninguna culpa.

Hablar de una responsabilidad colectiva del mal nos hace olvidar la responsabilidad individual que cada uno de nosotros tiene. Somos dueños de nuestros actos, al menos mientras no nos afecte alguna enfermedad mental, y debemos asumir sus consecuencias. No hay que adorar al dolor, santificarlo y construirle altares donde lo glorificamos. Lo que debemos hacer es luchar contra él.

La fe me parece una de las peores creaciones de la mente humana. Es una muestra de la irracionalidad a la que podemos llegar. Deseamos creer en algo y aceptamos una verdad trascendente sin ningún tipo de prueba. Es el triunfo del deseo, del sentimiento, sobre la razón.

La fe es una cárcel para el entendimiento que nosotros mismos hemos creado y de la que la mayoría de la humanidad no desea salir. Es aceptar algo porque así lo queremos, es negarnos a ver lo evidente y traicionar el espíritu crítico que toda persona debería tener.

Los teístas suelen argumentar, de manera equivocada, que todo el mundo tiene fe en algo, que la fe religiosa es igual a la que tienen los ateos en sus convicciones. Suelen razonar de esta forma porque son prisioneros de su marco de pensamiento religioso y creen que todos compartimos su concepción del mundo. Por eso dicen que el ateísmo es también una religión o que los científicos tienen fe en las teorías que defienden.

Este tipo de razonamientos no conducen a ninguna parte y no se sostienen. El ateísmo (al menos el que yo defiendo) y la ciencia se fundamentan en juicios racionales y no en el acatamiento acrítico de supuestas autoridades. Su esencia, por lo tanto, es radicalmente diferente.

La fe es el instrumento que utilizan las organizaciones religiosas para controlar a sus seguidores, es una cadena que aprisiona nuestra mente. Los líderes de muchas confesiones afirman que ellos tienen un contacto especial con la divinidad adorada por los fieles, que son depositarios de una autoridad que emana de Dios. No se ven obligados, por lo tanto, a demostrar sus creencias. Simplemente les dicen a sus seguidores que deben creerlos, aceptar sin cuestionar su doctrina.

Al tener fe en una persona o en una determinada creencia, eliminamos el pensamiento crítico, el escepticismo moderado que todos deberíamos tener en cualquier aspecto de nuestras vidas.

Por desgracia, la mayoría no quiere tomarse la molestia de pensar por sí misma o no sabe hacerlo. Prefieren que otros les digan lo que es verdad y mentira. Esto proporciona seguridad, respuestas fáciles y, además, cuando una serie de creencias están respaldadas por un grupo social importante, eso nos hace sentir que pertenecemos a una comunidad. La religión satisface nuestras necesidades internas, nos sirve para afrontar el miedo a la muerte.

Sin embargo, a cambio pagamos el precio de traicionarnos a nosotros mismos. Dejamos de ser libres y entramos por propia voluntad en la cárcel de la fe custodiada por el carcelero del dogma. El dogmatismo es, sin duda, un obstáculo para el progreso de la sociedad porque convierte a una serie de ideas en verdades incuestionables. Y cuando dejamos de cuestionarnos algo, es imposible que podamos avanzar en el camino de la verdad.

Nunca seremos totalmente libres si no podemos cuestionarnos todo, incluso los dogmas fundamentales de la religión, su esencia misma. Pero las religiones no desean eso. Lo que quieren es que sigamos a los autoproclamados intérpretes de la palabra divina. Para conseguir una libertad completa, debemos abandonar cualquier tipo de fe religiosa. Lo que debe importarnos son los hechos, las pruebas, la realidad objetiva, lo que podemos demostrar.

No hay que seguir a otros, aunque muchos lo hagan, aunque vivan rodeados de toda una serie de ceremonias y ritos que pueden hacernos creer que son más importantes de lo que realmente son. Solo desde la libertad para cuestionarlo todo, es posible alcanzar un conocimiento verdadero. Y esto jamás lo lograremos si seguimos apegados a una fe que otros nos han inculcado desde niños, si seguimos creyendo en cosas contrarias al sentido común y al saber científico.

Hay que abandonar todo tipo de autoridad espiritual o filosófica.

Eminentes científicos a lo largo de la historia han tenido y tienen profundas convicciones religiosas. Esto puede hacernos pensar que la ciencia y la religión son dos ámbitos que coexisten armónicamente en una misma persona. La religión se ocuparía de asuntos morales y trascendentes, y la ciencia intentaría comprender el mundo natural que nos rodea. Esta tesis de una supuesta compatibilidad y coexistencia pacífica entre la fe religiosa y la razón es equivocada.

Considero un error querer establecer ámbitos de conocimiento separados, compartimentos estancos puestos el uno al lado del otro, pero sin tocarse. El conocimiento verdadero no es ni de letras ni de ciencias, ni hay un saber de la fe y otro de la razón. La verdad es una, aunque se pueda manifestar en distintos ámbitos, no hay dos verdades diferentes.

Por lo tanto, tampoco puede haber dos vías de acceso a esa verdad. Lo que merece llamarse verdadero no es una opinión subjetiva, sino que se fundamenta en una reflexión racional basada en el método científico, en los hechos y pruebas, en argumentaciones lógicas guiadas por el pensamiento crítico. Nada tiene que ver con la aceptación de dogmas irracionales ni con seguir a supuestas autoridades religiosas o de cualquier otro tipo.

La religión no pretende ser solo una propuesta moral, sino que nos ofrece una determinada cosmovisión del mundo, una interpretación de la realidad. Postula, además, en la mayoría de los casos, la existencia de realidades sobrenaturales como el alma, Dios o seres como los ángeles o demonios. La fe religiosa, por lo tanto, choca totalmente con las afirmaciones de la ciencia.

Es absurdo que alguien utilice el método científico cuando está haciendo experimentos de física o de biología, y, sin embargo, se niegue a aplicar esa forma de pensar a otros ámbitos centrales en su vida.

Si no creemos que haya un monstruo en el lago Ness porque no hay ninguna prueba de su existencia, no veo ninguna razón por la que debamos creer en la Virgen María o en Satanás. Lo lógico es pensar que todos estos seres son creaciones mitológicas del pensamiento humano. La única diferencia que existe entre cualquier afirmación pseudocientífica o las creencias religiosas es que las segundas están respaldadas por una tradición social. Nada más. Su esencia es la misma.

Es contradictorio que personas que afirman defender el pensamiento científico después se aferren a ideas irracionales en el resto de los ámbitos de su vida. Creen que la razón únicamente debe ocuparse de la ciencia y que fuera de ese espacio lo único que queda es la opinión y el relativismo. No ven la flagrante contradicción que existe entre defender a la razón y después venerar a un Dios que contradice todo lo que sabemos gracias al trabajo de la ciencia a lo largo de muchos siglos.

Hay que ser escéptico con todo. Los que solo lo son con las pseudociencias hacen un flaco favor a la causa del progreso racional de la humanidad. Permiten con su inacción que millones de seres humanos puedan seguir adorando a seres mitológicos que ellos mismos han creado. Todo debe ser sometido al pensamiento crítico. Nuestros propios sentimientos más íntimos, las ideologías políticas, el arte o las creencias religiosas. Nada debe escapar al ojo de la razón.

También es un error pensar que el entendimiento se opone a los sentimientos, creer que la cabeza y el corazón vagan por sendas diferentes y muchas veces opuestas. Una inteligencia que olvida la dimensión emocional del ser humano, la empatía, los sentimientos, es incompleta.

La razón y la emoción deben caminar juntas ya que en el fondo son la misma cosa. Un frío intelecto abstracto es incapaz de captar toda la complejidad del ser humano. Y el puro sentimiento, sin el apoyo de la razón, está condenado porque nos conduce al irracionalismo y nos hace creer cosas absurdas.

Defiendo un escepticismo moderado que permita una comprensión racional del mundo. El escéptico radical, como la duda metódica que emplea Descartes, niega la posibilidad de todo conocimiento y conduce a la parálisis de la razón. Un escepticismo moderado, en cambio, es una sana actitud intelectual que nos evita caer en muchas de las trampas del irracionalismo.

Sin embargo, para que ese escepticismo sea completo y, por lo tanto, verdadero, debemos aplicarlo a todos los ámbitos de la existencia humana, incluida la religión.

Algunos quieren contentar a los defensores de la ciencia y a los que sostienen creencias religiosas. Por eso buscan complicadas piruetas conceptuales con las que unir el agua y el aceite, la razón y la fe. En cambio, mi objetivo nunca ha sido gustar a la mayoría, ni limitar mis razonamientos para ser políticamente correcto. No quiero gustar a todos, sino decir la verdad. No mi verdad particular, que no creo que tenga ningún interés, sino la verdad racional y objetiva, basada en un análisis crítico de la realidad.

Es evidente, para cualquiera que desee verlo, que la fe y la razón son opuestas. La historia nos da múltiples ejemplos de ello. Allí donde la religión es hegemónica, la ciencia está condenada a tener un papel marginal o, incluso, a ser perseguida. La historia de Europa nos da infinitos ejemplos que corroboran esta tesis.

Cuando hemos vivido dominados por la religión, y las jerarquías eclesiásticas, con el papa de Roma a la cabeza, han tenido un poder inmenso sobre la vida de la gente, la ciencia se ha visto obstaculizada, marginada y acosada durante siglos. Podemos poner el ejemplo de Galileo. Y todavía es más impactante el caso de Giordano Bruno, un auténtico héroe del pensamiento asesinado por la Iglesia católica, condenado a morir en la hoguera por ser libre, por atreverse a pensar por sí mismo, por cuestionar absurdos dogmas religiosos.

La fe pretende que la única fuente básica del conocimiento humano es una supuesta revelación de Dios a los hombres recogida en textos sagrados escritos hace cientos o miles de años. Es cierto que el fenómeno de la religión es complejo y hay creencias de todo tipo. No obstante, aquí me refiero a las confesiones más importantes, como pueden ser el cristianismo, el islamismo o el judaísmo. Éstas se fundamentan en un supuesto libro sagrado que muchos creen incluso de manera literal. Cuando la palabra de Dios se ha revelado a los hombres a través de profetas o de figuras como Jesucristo, todo lo que pueda contradecirla según sus intérpretes es considerado una herejía. Y los que desafían a esos dogmas sin sentido tienen que sufrir en muchos casos la persecución.

No deja de ser contradictorio que se suponga que Dios es amor, piedad, fraternidad entre las personas, y que algunos de los que dicen hablar en su nombre se dediquen a asesinar, a acosar o a insultar a los que no comparten sus creencias.

Esto suele suceder cuando alguien se cree en posesión de una verdad absoluta que es más importante que los seres humanos individuales. Si nuestra vida carece de valor frente a la vida eterna prometida, matar o morir en nombre de la fe verdadera es algo muy sencillo.

Mucha gente se molesta cuando alguien critica sus creencias religiosas. Consideran que ese es un ámbito privado en el que nadie debe inmiscuirse. Todo se reduce a que cada uno crea lo que le parezca conveniente siempre y cuando no caiga en el fanatismo y respete a los que tienen otras convicciones. Les parece una grave falta cualquier crítica a su religión.

Ya he dicho antes que pienso que todo debe someterse al tribunal de la razón. No creo que nadie deba molestarse por eso. Y si lo hace lo lamento, pero no por ello voy a dejar de decir lo que considero verdadero.

Todas las personas religiosas me parecen respetables. Gente de gran talento y moralmente irreprochables han tenido y tienen convicciones teístas. Aquí no se trata de criminalizar a nadie, sino de discutir sobre las ideas, sobre el hecho de si las religiones son verdad o mentira. Se trata, pues, de investigar la realidad más profunda del ser humano.

Esto no es violentar a nadie, sino recorrer el camino de la sabiduría, que siempre se inicia en nosotros mismos. A partir de un autoconocimiento sincero es como podemos entender el mundo en el que vivimos.

No es posible abordar en serio el asunto de las relaciones entre la ciencia y la fe sin valorar en conjunto el papel que cada una de ellas ha tenido a lo largo de la historia. Fíjese el lector que digo «en conjunto», es decir, globalmente. No hay que perder de vista este importante matiz.

Cuando critico a la religión, algunas personas intentan refutar mis opiniones aludiendo a un aspecto benéfico de ésta. Me recuerdan, por ejemplo, la admirable labor que realiza Cáritas, una organización que pertenece a la Iglesia católica.

Esta forma de razonar es equivocada, ya que incurre en la falacia de inferir algo de un todo basándose solo en una de sus partes. No se puede juzgar a una persona por un único acto aislado. De la misma forma, es injusto valorar el papel de una institución milenaria y tan compleja como la

Iglesia católica fijándonos solo en una organización vinculada a ella.

Si quisiera incurrir en el mismo error, podría señalar los múltiples casos de abusos sexuales contra menores que se han destapado en las últimas décadas. Sin duda es injusto criminalizar al colectivo enorme de católicos por el comportamiento despreciable de un pequeño grupo de sus miembros.

No debemos, por lo tanto, quedarnos en la superficie y valorar a la religión fijándonos solo en lo que confirma nuestros prejuicios. Hay que hacer una reflexión de la totalidad del fenómeno, de su papel histórico, teniendo en cuenta lo bueno y lo malo siendo lo más objetivos posibles. Y para conseguir esa objetividad deseada, no debemos seguir ideologías o ideas preconcebidas y superficiales. Hay que mirar este asunto con una mente clara, analítica.

Muchas personas, algunas de ellas cultas e informadas, desprecian el papel de la ciencia. Cuando se les habla de ella, tienden a señalar los casos más lamentables que ha provocado la investigación científica a lo largo de la historia. Es habitual que mencionen el ejemplo de las dos bombas atómicas arrojadas al final de la Segunda Guerra Mundial en Hiroshima y Nagasaki.

Lo que pretenden es mostrar que, de la misma forma que la ciencia puede usarse para curar, se utiliza en muchas ocasiones para fabricar armas terribles que asesinan a millones de personas en pocos minutos. Esto lo esgrimen como una prueba evidente de los peligros enormes del conocimiento científico.

Este tipo de razonamiento es equivocado por lo mismo que he dicho antes, es decir, porque juzga un todo fijándose solo en una de sus partes. Al final lo que quieren hacer, consciente o inconscientemente, es poner a la ciencia y a la religión en el mismo nivel.

Afirman que ambas pueden usarse para el bien y para el mal y que, por lo tanto, no se puede decir que una sea mejor que la otra, ya que esa bondad o maldad no está en la cosa misma sino en el uso que hagamos de ella. Cuando razonamos de esta forma, nos quedamos en la superficie. No penetramos en la esencia misma de lo analizado.

Me parece claro que hay ideologías e ideas que son intrínsecamente malas, por mucho que las envolvamos en el manto de la democracia. Por ejemplo, no creo que pueda existir un fascismo respetable, aunque sus defensores digan que es su opinión y que merece el mismo respeto que cualquier otra. No todo es lo mismo. No todas las ideas son igual de verdaderas.

El fascismo es malo. Da igual que haya personas fascistas que sean unos padres maravillosos o que algunos defiendan su derecho a tener ese tipo de ideas. Esta ideología es contraria a la esencia misma de la democracia, al valor supremo de la igualdad, por eso debemos rechazarla en todas las circunstancias.

No pretendo equiparar la religión al fascismo, ya que son dos fenómenos diferentes. Lo que quiero decir es que no podemos quedarnos en la superficie de las cosas. Cuando afirmamos que la ciencia puede inventar armas, cosa que es cierta, no juzgamos sus efectos positivos y negativos.

Nadie puede negar que el conocimiento científico también haya creado algunos monstruos. Lo que hay que hacer para ser justo es poner en una balanza todo lo bueno y lo malo y ver hacia donde se inclina. Entonces podremos hacer una valoración del asunto examinado.

Considero que la religión es una de las peores creaciones de la humanidad. Lo mejor para todos es que desaparezca. Sus pequeñas consecuencias positivas no compensan, sin duda, los enormes males que nos ha causado. Las religiones son creaciones mitológicas que muchos seres humanos toman como verdaderas. Nos distraen de la tarea de construir un mundo más justo con la infantil promesa de una vida después de la muerte.

Debemos trabajar, por lo tanto, para que la religión deje de existir y sus seguidores abandonen este tipo de creencias irracionales. Esto no se va a conseguir de un día para otro. Quizás nunca se logre del todo. Por desgracia, siempre habrá gente dispuesta a seguir a otros que afirman ser depositarios de alguna verdad sobrenatural inaccesible para la mayoría de los mortales.

Es más fácil autoengañarnos creyendo en mundos irreales que nosotros mismos hemos creado. La religión opera sobre todo en el plano emocional, lo que explicaría la pobreza enorme de sus argumentos. Sin embargo, es eficaz en sus propósitos, ya que muchos se dejan guiar por sus emociones más primarias.

Hay que tener una visión muy pobre de la realidad para no darnos cuenta del enorme papel que la ciencia juega en nuestras vidas. Si hay un ámbito donde esto se percibe claramente, es en la medicina. Durante la Edad Media, cuando el mundo occidental estaba sometido a la religión, la esperanza de vida rondaba los 30 años. La mortalidad infantil era elevadísima y, por desgracia, era bastante habitual que la madre del niño muriera en el parto o que el pequeño no llegara a la edad adulta. Los que conseguían sobrevivir padecían enfermedades que hoy hemos conseguido erradicar en la mayor parte del mundo. La medicina apenas existía y los remedios naturales que se aplicaban eran poco eficaces.

Gracias a los avances de la ciencia, hemos conseguido pasar de una esperanza de vida en Europa de 30 años hace unos cuantos siglos a unas cifras que rondan los 80 años. La mortalidad infantil se ha reducido drásticamente. Ahora, por suerte, la mayoría de los niños pueden llegar a ser adultos. La mejora de la medicina, de las condiciones de vida, de la alimentación, de la higiene pública; en definitiva, el progreso científico y social de la humanidad es lo que ha permitido este enorme avance.

No hemos logrado estos hitos rezando, suplicando a un Dios que nos ayude, o siguiendo las directrices de las iglesias que durante siglos se han opuesto a ese progreso científico que tantos bienes nos ha dado. Si hemos logrado todos estos avances, y los que conseguiremos en el futuro, será gracias a la aplicación del método científico, al trabajo callado y a veces poco reconocido, de miles y miles de científicos anónimos que han consagrado su vida a contribuir al bien de la humanidad.

Si comparamos todo lo que nos ha dado el conocimiento científico a lo largo de la historia, lo que vemos es que los grandes progresos de nuestra especie se han producido cuando hemos apostado decididamente por la ciencia y por la libertad de pensamiento.

No es casualidad, sino que están íntimamente conectados, el declive de la religión y la importancia cada vez mayor que tiene la ciencia. Hemos dejado atrás esa edad oscura de la fe y nos encaminamos hacia una era donde espero que la razón tenga un papel protagonista.

Por desgracia esto no es así en todo el mundo. Existen muchos Estados dominados por teocracias, sobre todo en los países árabes, donde la fe sigue ocupando un lugar central en esas sociedades. Cuando esto pasa, la libertad se resiente y el progreso se ve condicionado por el acatamiento de las directrices de líderes religiosos.

Pongamos en un lado de la balanza todos los enormes progresos que la ciencia nos ha proporcionado, sobre todo en los últimos siglos, desde el Renacimiento hasta nuestros días. En el otro platillo coloquemos la destrucción causada por guerras cuya intensidad destructora ha sido amplificada enormemente por armas de destrucción masiva que antes no teníamos.

Está claro que es muchísimo más lo que nos ha dado la ciencia que los oscuros episodios de Hiroshima y Nagasaki y otros que podamos pensar. Nunca en la historia de nuestra especie había habido tantas personas que disfrutaran de un nivel de vida tan alto y saludable como en el presente. Y todo esto, este enorme progreso, ha sido conseguido gracias al conocimiento científico y al pensamiento libre.

Esto no significa que los científicos sean todos personas maravillosas o que la ciencia no esté sometida a múltiples condicionantes que nada tienen que ver con una idílica búsqueda de la verdad. Los que se dedican a la ciencia son personas exactamente iguales a las demás, con las mismas miserias. Pueden ser crueles y avariciosos, ególatras y buscar solo prestigio social o beneficios económicos. Esto ha sucedido en el pasado y, sin duda, seguirá sucediendo en el futuro.

Recordemos, por ejemplo, que algunos científicos se prestaron a escribir informes diciendo que el consumo de tabaco no era perjudicial para la salud sabiendo que eso era mentira. Por supuesto las compañías tabacaleras les pagaron generosamente esos informes que decían lo que ellos querían escuchar. También ha habido casos de fraudes científicos y muchos otros comportamientos deplorables. Todo esto es cierto. Y también lo es que el beneficio global que la ciencia nos ha dado es enorme.

Por desgracia muchos políticos olvidan esto. Y en la mayoría de los países se desprecia el papel que la ciencia juega en nuestras vidas. Solo una sociedad profundamente equivocada en su orden de prioridades puede comportarse de esta forma. Los países que han apostado por la innovación, por la investigación científica y el progreso tecnológico son los que disfrutan de un mayor nivel de vida.

Otros, en cambio, han decidido que la ciencia y la educación son temas secundarios. Y nuestros líderes políticos prefieren derrochar el dinero público en carísimas infraestructuras que a veces tienen una utilidad discutible. Este es un ejemplo, entre otros muchos, de lo equivocados que estamos. Y sin duda todos los que hablan en contra de la ciencia, algunos de ellos importantes líderes religiosos, hacen un flaco favor al conjunto de la sociedad.

Me parece fundamental reivindicar el papel de la ciencia y rechazar el oscurantismo de la fe religiosa. Es importante que nos demos cuenta de que es necesario invertir más recursos en investigación científica. Eso a largo plazo acaba repercutiendo en el beneficio de toda la humanidad. Lo que se descubre en un sitio al final se acaba aplicando en todas partes.

Creo, además, que la labor de divulgación científica es básica, ya que permite que el público se acerque al mundo un tanto opaco de la ciencia. Gracias a esa tarea divulgativa, los conocimientos alcanzados después de tantos años de esfuerzo pueden incorporarse al bagaje cultural de la mayoría de la gente. En esto, sin duda, queda un gran camino por recorrer. La ciencia es un mundo cerrado en sí mismo que debe abrirse mucho más al resto de la sociedad.

El futuro de la humanidad no pasa por la religión. Cuanto antes desaparezca, antes progresaremos. Lo que debemos hacer es apostar decididamente por la ciencia y el pensamiento crítico. En definitiva, por la libertad. No por el acatamiento de dogmas, no por seguir los dictámenes de jerarquías eclesiásticas que se creen en posesión de una verdad absoluta revelada directamente por Dios. Ya hemos recorrido ese camino en el pasado y sabemos hacia dónde nos conduce: a una era de oscuridad y opresión.

El triunfo del evolucionismo sobre el creacionismo es quizás una de las batallas más importantes que la razón ha ganado en su eterna lucha contra la oscuridad de la fe. Durante miles de años se nos dijo que un Dios nos había creado. Ahora, gracias a la investigación científica, hemos descubierto que somos una especie más entre millones de especies que han existido a lo largo de millones de años en la Tierra. Y que hemos evolucionado a partir de formas de vida menos complejas hasta ser lo que somos.

La religión se alimenta de la ignorancia. Cuanto menos sabemos, más espacio hay para que el conocimiento sea reemplazado por la fe en entidades sobrenaturales. Gracias al avance científico, esos espacios de oscuridad se van haciendo más pequeños. Por eso no tengo la más mínima duda de que con el paso de los años, de los siglos, la religión cada vez tendrá un papel más irrelevante. Eso ayudará sin duda al progreso de la humanidad.

Existe una cuestión fundamental que todavía la ciencia no ha sido capaz de responder de manera satisfactoria. Me refiero a la pregunta por el origen del universo. La física comienza un microsegundo después de la gran explosión llamada Big Bang. Todavía no conocemos las causas que la provocaron. Debemos, pues, seguir investigando esta importante cuestión. Quizás algún día nuestro conocimiento del universo sea lo suficientemente profundo para hallar una respuesta.

La religión siempre intenta usurpar ilegítimamente el lugar de la ciencia y ofrece respuestas fáciles a preguntas complicadas. La mayoría de las religiones, al menos las más importantes, nos dicen que un Dios todopoderoso y bueno ha creado el universo. Como siempre, no ofrecen ni una sola prueba de sus afirmaciones. Lo único que tienen es su fe en textos escritos hace cientos o miles de años. No saben nada de ciencia y, sin embargo, pretenden saber más que los que dedican su vida a estudiar a la naturaleza.

Resulta curioso que la religión y sus seguidores acusen a los que defendemos a la razón, al pensamiento crítico, de ser soberbios. Dicen que pretendemos usurpar el lugar de Dios y cosas similares sin sentido.

Lo que me parece prepotente es afirmar que se tienen las respuestas fundamentales de la existencia humana, que se conoce el origen del universo, sin aportar ni una sola prueba objetiva de sus creencias. Ese sí que es un ejercicio de soberbia. Es más sensato reconocer que no tenemos todas las respuestas.

Sin embargo, la gente quiere saber, busca un sentido profundo a su vida, y en vez de intentar responder a esas preguntas por sí mismos, prefieren que otros les den todas las respuestas.

Otra cosa que me llama la atención es que la religión, al menos la cristiana, afirma que nosotros, los seres humanos, somos el fin último de la creación divina. Es decir, todo lo que existe en el universo ha sido puesto ahí para nosotros. Los seres humanos somos la culminación suprema de la creación.

Parece absurdo que un universo tan enorme esté ahí solo para que nosotros tengamos un lugar donde vivir. Si eso fuera cierto, no creo que un Dios inteligente hubiera creado tanta materia, soles y galaxias, sin ningún tipo de utilidad, casi como meros adornos.

Todo esto me lleva a pensar que las religiones lo único que demuestran es el enorme narcisismo del ser humano. Pensar que nuestro pequeño planeta y que nuestra especie, una más entre los millones de especies que han existido a lo largo de la vida de la Tierra, es el fin último de todo lo que existe me parece algo sin sentido.

Por desgracia nos gusta pensar que somos mucho más especiales de lo que realmente somos. Queremos creer que un Dios todopoderoso se ha tomado la molestia de crear un universo casi infinito solo para nosotros.

Cualquier persona sensata debería rechazar esta visión simplista del mundo. Lo lógico es pensar que la creación del universo responde a las leyes de la naturaleza y que nuestro planeta se ha creado de manera azarosa. Nuestra existencia es posible gracias a multitud de casualidades cósmicas. No hay ninguna mente detrás planificando nada, ni algún sentido oculto que únicamente una entidad sobrenatural nos pueda revelar.

Esto es algo que nos cuesta aceptar. Queremos ser especiales, únicos, nos creemos los reyes del universo cuando en realidad solo somos una mota de polvo cósmico a la deriva en los inmensos océanos de estrellas que surcan el firmamento. Un pequeño planeta, orbitando alrededor de uno de los muchos soles, en una de tantas galaxias que pueblan el universo. Es cierto que somos la única especie de la Tierra que ha alcanzado un grado de conciencia superior. Pero en términos cósmicos, nuestro planeta, y nosotros mismos, no dejamos de ser seres insignificantes.

El sentido de la vida no viene dado por un ser trascendente, por un Dios todopoderoso que nos ha creado para que cumplamos un fin en algún desconocido plan divino. Nosotros construimos nuestro destino con nuestros actos.

No existe, por lo tanto, un fin oculto que solo ha sido revelado a algunos profetas e iluminados que dicen hablar en nombre de Dios. Nuestro futuro será lo que hagamos entre todos. El destino no está escrito. Cada uno de nosotros lo escribe cada segundo de su existencia.

Ese sentido que tanto parece preocupar a algunos no está fuera de nosotros, sino dentro. Debemos buscarlo en nuestro interior. Cada uno tiene que darle un sentido a su propia vida. Esa es una tarea que nadie puede realizar por nosotros. El sentido de nuestra vida se muestra en lo que hacemos, en lo que pensamos, en lo que somos, en nuestras relaciones con los demás.

Pienso que el fin más elevado al que alguien puede aspirar es hacer el bien. Esa tarea debe empezar por el conocimiento de uno mismo, por la eliminación de las barreras mentales que impiden la autocomprensión y entender en profundidad lo que nos rodea. Ayudar a que otros lo hagan es contribuir a ese bien del que hablo.

Todo lo que ayude a la libertad del ser humano, a que construyamos un mundo más justo y solidario, a que se elimine la pobreza, la violencia y el dolor inmenso que padece una gran parte de la humanidad es bueno. Ese debería ser el objetivo de toda persona, el propósito último de su existencia. No tiene sentido una vida dedicada únicamente al egoísmo, a acumular poder, riqueza o falso prestigio, muchas veces explotando a otros para conseguir lo que deseamos.

Ese sentido elevado de la vida no nos puede ser dado desde fuera, aunque otros nos pueden mostrar el camino, nosotros debemos decidir recorrerlo. Por eso jamás encontraremos un sentido a la existencia humana siguiendo a las religiones, ya que nos obligan a traicionar la libertad de nuestra razón, nos someten a dogmas, a la voluntad de jerarquías eclesiásticas.

Tampoco hallaremos esas ansiadas respuestas encerrándonos en un monasterio, jurando votos de castidad y obediencia, siguiendo sistemas filosóficos, leyendo libros, militando en partidos políticos o sindicatos, adoptando una ideología de cualquier tipo. Las encontraremos única y exclusivamente pensando por nosotros mismos, siendo libres, usando nuestra razón para juzgar la verdad y la mentira, el bien y el mal. Y ese es un camino que cada uno debe recorrer en solitario.

A pesar de que la religión y el pensamiento libre se oponen, muchas iglesias han defendido la necesidad de desarrollar una fe racional. En la filosofía cristiana católica hay toda una tradición que defiende desde hace muchos siglos una fe que se apoye en bases racionales. De esta forma se pretende escapar de un mero sentimentalismo religioso y dotar de mayor solidez a las supuestas verdades de la fe.

Tienen razón los teólogos cuando afirman que una fe racional es más firme que el mero sentimentalismo religioso. Al menos esto es así en apariencia. Lo que hacen es recubrir los dogmas de siempre con toda una serie de argumentos aparentemente racionales destinados a demostrar esas verdades que la fe nos dice que debemos creer. La razón, cuando es utilizada de esta forma, deja de ser libre, se convierte en un instrumento supeditado a otro fin.

Esos argumentos racionales, esas supuestas pruebas de la existencia de Dios, que son simples razonamientos falaces, sirven para impresionar a muchos. Se da una apariencia de racionalidad, de falsa solidez lógica.. Brillantes mentes se han dedicado a lo largo de la historia del pensamiento a intentar apuntalar las verdades de la fe con un éxito notable.

Una razón que no es totalmente libre para cuestionárselo todo, incluso a sí misma, es falsa, incompleta; está limitada por barreras que impiden su avance. La religión no quiere que la fe y la razón sean aliadas, algo que, por otro lado, es imposible. Lo que desea es recubrirse de un barniz racional que permita hacer más digeribles para algunos sus dogmas sin sentido.

La razón y la fe son como el agua y el aceite. Pueden mezclarse, pero su naturaleza es diferente. La razón se fundamenta en la libertad completa. La fe en el acatamiento de verdades que no pueden ser demostradas.

Si dos personas quieren buscar juntas la verdad, ambas deben estar dispuestas a modificar sus opiniones previas si el otro les ofrece argumentos o pruebas convincentes. Esto es posible porque la razón está sometida al tribunal de los hechos y de la lógica. Hay que probar o argumentar lo que se afirma. Entonces, si eso sucede, es posible un diálogo auténtico, no un simple intercambio de opiniones que no conduce a ninguna parte.

No obstante, cuando se dialoga con un teísta, no importa lo que digamos o las pruebas que podamos presentarle. Nada de todo eso le hará cambiar de opinión. Prefiere aferrarse a sus creencias presuntamente reveladas por algún tipo de Dios, entidad sobrenatural o profeta. Digas lo que digas al final siempre dirá lo mismo: «Yo creo». Y de ahí será imposible sacarle.

La fe es el empecinamiento de la razón que decide aferrarse a una serie de verdades que no puede demostrar. Podemos estar horas y horas dialogando con este tipo de creyentes. Es posible ofrecerle pruebas, mostrarle teorías científicas o argumentos. Nada de todo eso le hará cambiar de parecer. Esta es la diferencia radical que hay entre la fe y la razón, el motivo por el cual serán siempre enemigas irreconciliables: o decidimos someternos al tribunal de los hechos o aceptar dogmas religiosos. Ambas cosas no son posibles a la vez.

Aunque existan científicos creyentes, eso no refuta lo que estoy afirmando. Estas contradicciones se dan en muchas personas. A lo que me refiero aquí es más importante que todo eso. De lo que estoy hablando es de la esencia misma de la cosa, de su naturaleza más profunda.

La ciencia y la fe son esencialmente contrarias. Cuando una es fuerte, la otra es débil y viceversa. El problema es que hay gente que no asume las consecuencias de ser plenamente racionales en todo lo que piensa y cree. Reservan la razón para la actividad científica. Pero en el resto de los ámbitos de su vida siguen aferrados a creencias que contradicen el método científico que utilizan a diario. Aunque esto no cambia la profunda incompatibilidad entre estos dos ámbitos opuestos de la experiencia humana.

Hay personas que simplemente tienen miedo a la libertad. Temen las consecuencias que tendrían para su vida abandonar sus creencias religiosas, sentirse rechazados por su familia, por sus amigos, por la sociedad en la que viven. Aceptar la falsedad de la religión los podría convertir en un ambiente creyente en unos herejes, en unos parias, en unos marginados sociales. Hace falta ser valiente para asumir estas consecuencias.

Por eso lo más fácil es seguir a la mayoría, continuar creyendo lo que se supone que debemos creer. Lo que todos aquellos que queremos creen. Se necesita valor para ir en dirección contraria a la del grupo. El camino de la libertad nunca es fácil. No obstante, cuando comenzamos a recorrerlo ya no es posible dar marcha atrás. Hay que mirar hacia delante sin detenernos nunca.

Mientras haya religiones habrá conflicto. La religión no es el antídoto contra el veneno del odio, sino que es una de sus principales causas. Es imposible que no haya violencia cuando existen personas que se consideran en posesión de una verdad absoluta que les ha sido revelada directamente por Dios o a través de profetas.

Si la existencia terrenal que conocemos es solo un pequeño suspiro comparada con la vida eterna que nos aguarda después de la muerte, entonces esto significa que no importa demasiado perderla. Al final lo único relevante es conseguir la recompensa de la eternidad al lado del Dios al que servimos. El paso al fanatismo es muy corto. Y por desgracia millones de personas a lo largo de la historia han muerto o han sido asesinadas por gente que decía actuar en nombre de Dios.

Esta es una de las muchas contradicciones en las que suelen caer las religiones. Predican el amor o la fraternidad universal y, a la vez, se dedican a fomentar el odio y la división.

La violencia que ejercen las religiones se expresa de muchas formas. No solo cuando se quema a alguien en una hoguera o se comete un atentado terrorista perpetrado por fanáticos religiosos. La naturaleza de la violencia es mucho más sutil y compleja. No debemos entenderla únicamente en sus manifestaciones más evidentes, sino que existe también una forma menos explícita de violencia cometida por los seguidores de muchas religiones.

Si un padre chantajea emocionalmente a sus hijos para que acepten su misma confesión religiosa, eso también es violencia. De la misma forma, cuando las religiones más importantes critican y criminalizan a los homosexuales están ejerciendo una forma de violencia contra este colectivo. No tiene ningún sentido afirmar, como hace el catolicismo, que la única función de la sexualidad es la reproducción. Y que se considere un pecado el tener otro tipo de relaciones. Se ejerce violencia contra los homosexuales cuando se les niega su legítimo derecho a contraer matrimonio, algo que sí se permite a una pareja heterosexual.

Muchos se han suicidado porque la moral de alguna religión les ha hecho creer que eran personas malvadas por el simple hecho de tener una orientación sexual distinta de la mayoritaria. Algunos han contraído matrimonio solo para guardar las apariencias, y han condenado así a su pareja a una vida falsa y a un amor que nunca podrá ser completo. Esto ha generado un dolor inmenso a muchísimas personas a lo largo de siglos.

Me gustaría también mencionar la violencia que las religiones mayoritarias ejercen contra la mujer. Eso sucede cuando se afirma que su papel principal en la vida es únicamente ser madres. O cuando se les niega la posibilidad de ser sacerdotes y se les concede un papel marginal dentro de las jerarquías eclesiásticas. Eso también son formas de violencia.

Es un hecho claro para cualquiera que desee verlo que las religiones no han ayudado a la igualdad entre hombres y mujeres, sino todo lo contrario. Han contribuido de manera decisiva a apuntalar un modelo machista que ha marginado a la mitad de la población mundial y que todavía continúa. Esta es una forma terrible de violencia que suelen ejercer las religiones.

Debemos luchar con todas nuestras fuerzas para erradicar de manera total y completa la violencia que desangra a la humanidad. Las religiones, en vez de ayudar a lograr ese noble propósito, han hecho exactamente lo contrario. Son una fuente terrible de conflictos, de guerras, de división, de dolor y de sufrimiento. Si combato a las religiones, es porque considero que podemos construir un mundo mejor sin ellas.

Sin embargo, para lograrlo debemos ir librándonos poco a poco de toda esclavitud mental, de todas las mentiras que a lo largo de siglos se han ido depositando en nuestras mentes. Debemos aceptar la muerte como una parte ineludible de la vida. Si lo hacemos, la religión se convertirá en gran parte en inútil, y podemos comenzar a preocuparnos realmente por mejorar la sociedad en la que vivimos.

Es fácil seguir a otros. Sobre todo, cuando afirman estar en posesión de alguna verdad sobrenatural y mágica que explica el sentido profundo de la existencia humana.

No obstante, no debemos dejar que los demás piensen por nosotros mismos. Debemos ser libres, en un sentido pleno y profundo, para encontrar nuestras propias respuestas y luchar por mejorar el mundo que nos rodea.

Las sectas destruyen tu libertad

No creo que exista ninguna organización más tóxica para el pensamiento libre que una secta, ya que anula a la persona y la pone al servicio de una organización, de un líder o gurú. Por eso hablar de «sectas destructivas» es una redundancia. Toda secta destruye la libertad de sus seguidores, aunque puede haber diferencias entre ellas en su grado de toxicidad.

La distinción entre secta y religión es difusa. Muchas de las hoy consideradas religiones antes eran sectas. De la misma forma, religiones consolidadas como el cristianismo o el islam albergan en su seno grupos que claramente son sectarios y que emplean técnicas de control mental similares a las que utilizan los grupos sectarios.

Pienso, además, que las personas más comprometidas con las religiones, como pueden ser los sacerdotes o monjes y otros laicos, llevan una vida que es idéntica a la forma de vivir de los grupos sectarios.

En los aspectos doctrinales no hay ninguna diferencia entre una religión y una secta. Aunque algunas sectas no tienen una doctrina definida, como, por ejemplo, los grupos comerciales, que solo se basan en fomentar la avaricia económica de sus adeptos.

Los miembros de la Iglesia de la Cienciología creen que Xenu, un dictador de la Confederación Galáctica, hace 75 millones de años trajo miles de millones de personas a la Tierra en naves espaciales. Supuestamente los desembarcó alrededor de volcanes y los aniquiló con bombas de hidrógeno.

Esta absurda historia es tan difícil de creer como el hecho de que un Dios todopoderoso embarace a una virgen humana, tenga un hijo que es él mismo y lo mande a una misión suicida predicando una doctrina (mientras tanto se entretiene caminando por el agua, resucitando muertos y curando a endemoniados) para, finalmente, ser crucificado, resucitar a los tres días y subir a los cielos.

Tan fantástica es una historia como otra. La única diferencia que hay es que estamos mucho más acostumbrados al segundo relato debido a la educación que hemos recibido, a la cultura cristiana que empapa toda la civilización occidental.

Las doctrinas religiosas-sectarias poseen las mismas características. La principal es la inverificabilidad. En eso se diferencian totalmente de la ciencia, que se basa en pruebas objetivas. Los relatos religiosos no pueden ser demostrados, solo aceptados. Los tomas o los dejas. No hay evidencias objetivas de su veracidad. Lo único que tenemos son testimonios e historias, casi todas procedentes de fuentes que no son fiables.

Su núcleo básico de creencias es inmutable. Puede haber cambios en aspectos superficiales. Sin embargo, no hay una evolución en lo que se cree. Ya que los relatos religiosos son ajenos a la realidad, ninguna prueba o descubrimiento hace variar sus ideas básicas. Esa es una de las muchas razones por las cuales la teología no es una ciencia, aunque se enseñe en algunas universidades. De hecho, contradicen gran parte de nuestro saber científico. La resurrección de los muertos es algo que va en contra de todo lo que sabemos de la biología humana después de siglos estudiándola.

La diferencia básica entre «religión» y «secta» es esta: en los seguidores de una religión no se produce una transformación radical en su vida y en su personalidad por el hecho de pertenecer a un credo determinado. Tienen algunas creencias o practican ritos. No obstante, el centro de su existencia no son sus ideas religiosas.

Alguien que sea católico, vaya a misa los domingos, bautice a sus hijos y tenga en cuenta la doctrina moral de la Iglesia no está dentro de una secta. Sin embargo, dentro de la Iglesia católica (y de todas las religiones) hay grupos sectarios. En las sectas, al ser más pequeñas, no es habitual que haya muchos de los que podríamos llamar «seguidores externos», sino que la gran mayoría están dentro del núcleo sectario. En las sectas puede haber una jerarquía o un diferente grado de compromiso con la organización.

Los que entran en una secta pierden su libertad, aunque hayan ingresado voluntariamente. Su capacidad crítica y su percepción del mundo se ven alteradas por la fuerte creencia de estar en posesión de una verdad absoluta. Esa supuesta verdad es patrimonio exclusivo de la organización o del líder que la dirige.

En esto tampoco hay diferencias entre las religiones y las sectas. Casi todas las religiones afirman ser las verdaderas, lo que implica que las demás son falsas. Por esa razón el enfrentamiento es inevitable.

A pesar de que los líderes de las diferentes confesiones hablan de paz y de respeto entre credos, la historia nos muestra que los enfrentamientos entre ellas han sido de lo más habitual, algo que también sucede en nuestros días. La unión de todas las religiones es imposible porque la mayoría se consideran la única verdadera. Esto demuestra, según mi parecer, que lo más probable es que todas sean falsas.

En un adepto a una secta se produce una transformación radical de su identidad. Eso es lo que suele alertar a sus familiares y amigos de que algo no va bien. Este cambio no es instantáneo, sino que precisa de un proceso de adoctrinamiento mental que puede durar meses o años y que suele prolongarse a lo largo de toda una vida sin que el adepto sea consciente de ello.

Las sectas anulan la racionalidad. El pensamiento del seguidor es sustituido por la doctrina impuesta por el grupo y el líder. Muchas de esas organizaciones hablan de libertad y de buscarse a uno mismo. En realidad, lo que hacen es esclavizar a las personas convirtiéndolas en partes de un mecanismo. Lo importante es el colectivo, no los miembros que lo integran.

Dentro de ese contexto sectario es normal que se hagan cosas que nadie haría fuera de ese pequeño mundo. Se puede llegar a matar, robar o a encubrir crímenes horribles, como abusos sexuales a menores, para proteger a la organización a la que se pertenece. El grupo, como depositario de la verdad suprema, es lo único importante. Si para protegerlo hay que mentir o hacer daño a otros, eso es irrelevante. El colectivo o el líder es lo único que importa.

La mayoría de las personas sufre. Y no me refiero solo a males físicos, a enfermedades, al paro o a otros problemas sociales. Muchos padecen en silencio porque no encuentran sentido a la vida, porque todo les parece sucio y vacío, carente de interés. En medio de toda esa oscuridad, la gente busca respuestas, alguien que les guíe.

Ese es el caldo de cultivo perfecto para este tipo de grupos. Cuanto más sufrimiento y dolor, cuanto más caos social, más desesperados estaremos.

Entonces los que se alimentan del miedo podrán vender su esperanza, ofrecer un sentido trascendente al sufrimiento y usar sus métodos de control mental para conseguir someter a otros.

Millones de personas son condenadas a la marginación social. En una secta, en cambio, nadie sobra. Aunque no se tenga dinero ni estudios, siempre se pueden cumplir funciones auxiliares de menor importancia, como limpiar los locales del grupo.

La secta fomenta los vínculos fraternales y ayuda a que gente que está sola crea equivocadamente que ha encontrado una familia. Estos grupos se aprovechan de las debilidades de la persona para dominarla. No desean ayudarnos: quieren aprovecharse de nosotros.

Cuando alguien está dentro de una secta, todo el caos que puede haber en su cabeza se aclara porque es sustituido por un maniqueísmo infantil: nosotros y ellos, los buenos y los malos. El grupo representa la libertad, el único camino posible para ser felices: el bien absoluto. Todo lo que hay fuera es malo, una amenaza.

Ese terror a «los otros», a lo que está fuera, es fomentado sin cesar por los líderes de la secta.

Incluso se provocan fobias a los adeptos para que tengan un miedo patológico a dejar el grupo: se les dice que caerán en las manos de Satanás, que se convertirán en drogadictos y asesinos, que sus hijos nacerán muertos, que arderán en el Infierno durante toda la eternidad sometidos a castigos terribles, etc.

El miedo es el instrumento que garantiza la lealtad inquebrantable al líder y a la doctrina. La amenaza inminente anula cualquier posible crítica interna, ya que los disidentes pueden ser acusados de ser instrumentos de los grupos rivales que quieren destruir a la organización.

Es habitual que las sectas, sean del tipo que sean, estén esperando algún tipo de acontecimiento terrible: el fin de los tiempos, la llegada de una nave extraterrestre que nos aniquilará, una guerra nuclear mundial, una gran plaga que nos exterminará a todos (excepto a los miembros de la secta), etc. Fomentan, además, las teorías de la conspiración y se inventan poderosos enemigos: por ejemplo, dicen que el Anticristo u otra organización desea acabar con ellos, o que el Gobierno les persigue. Esto justifica el secretismo y el orden militar con el que se dirige la secta.

Este es otro rasgo clave en las sectas y religiones: siempre se está esperando algo mejor que lo que tenemos. Ese concepto de espera, de un mundo mejor en el futuro, se usa para dominar en el presente a los que creen en él.

Se aguarda la llegada de la nave alienígena que nos llevará a un maravilloso planeta, del Juicio Final y la resurrección de los muertos, de un paraíso más allá de la muerte donde disfrutaremos de una felicidad perfecta. Y si no se cumple la utopía prometida, los líderes pueden usar ese error para culpabilizar a sus seguidores: «No lo hemos logrado por vuestra culpa, por eso hay que trabajar más». De lo que se trata es de infundir un miedo y una culpa irracionales.

Muchas sectas tienen incluso una fecha cercana para el fin del mundo. Los Testigos de Jehová, por ejemplo, han predicho ese Apocalipsis en numerosas ocasiones, sin acertar en ninguna de ellas. Algunas de estas organizaciones dicen que todo se acabará en cinco años. Cuando eso no sucede, vuelven a fijar otro año, y así sucesivamente.

De lo que se trata es de infundir miedo. Quieren controlar a los adeptos diciendo que se posee algún conocimiento superior que les permitirá superar ese desafío, esa catástrofe inminente que profetizan, un saber que es propiedad exclusiva del grupo y de sus líderes.

No hay pensamiento libre en una secta. Los adeptos creen actuar por propia iniciativa. Sin embargo, solo siguen una doctrina impuesta por otros. Repiten lo pensado por los líderes o por los creadores de la ideología en cuestión. Por eso no es posible dialogar con ellos.

Dialogar no es únicamente intercambiar ideas. El verdadero diálogo implica la posibilidad de que entre los dos se llegue a un acuerdo, de que ambos estén dispuestos a variar sus posiciones iniciales si se llega a la conclusión racional de que estaban equivocadas. El objetivo de dialogar debe ser encontrar la verdad.

Sin embargo, el sectario no quiere buscar nada. Ya sabe cuál es la verdad perfecta. De lo que se trata es de transmitirla, de conseguir el mayor número de adeptos, de aumentar el poder de la organización. No quieren dialogar con nosotros: quieren convertirnos.

Podemos hablar durante horas con uno de ellos y no avanzaremos nada. Incluso están entrenados para mantener este tipo de diálogos con los «infieles». Repiten una y otra vez las mismas ideas. No hay nada original en lo que dicen. Y si ven que no van a conseguir su objetivo de convertirnos, se marchan. No pueden perder su tiempo en algo que no sirve a los intereses de la secta.

Los miembros de un grupo sectario viven sometidos a los jefes de la organización sin ser conscientes de ello. Se crea un culto a la personalidad y una devoción totalmente enfermiza. El líder es todo, es el instrumento de Dios, del bien, el que nos enseña el camino de la única verdad posible. Se puede llegar a morir y a matar por él sin dudar ni un instante.

La secta aspira a ser la única familia de sus miembros, su verdadera familia. Quieren hacerles creer que solo ellos los quieren y los entienden. Se crean lazos afectivos entre los miembros separándolos de su entorno habitual, llevándolos lejos, a otra ciudad o país para que el adepto se sienta solo y desubicado. De esta forma se fortalece su vínculo emocional con el colectivo.

No deja de ser indicativo que muchos sacerdotes o monjas se llaman a sí mismos «padre» o «madre», en un intento por simular esa relación familiar que se quiere crear dentro de una comunidad de fieles.

Esta es una de las técnicas de control mental más utilizadas por las sectas. La ruptura del adepto con su familia y su adopción de una nueva «familia». Por eso se genera una lucha entre la secta y la familia biológica.

Los que más han combatido contra el fenómeno sectario son los familiares de los que pertenecen a esas organizaciones. Para muchos padres el ingreso en un grupo así supone la pérdida total del hijo o hija por el que tanto se había luchado. A esto hay que añadir el dolor de que nos digan que lo hacen «por propia voluntad», ejerciendo su libertad. Esto no es cierto.

Alguien que ha sido sometido a un proceso adoctrinador tan intenso tiene su capacidad de elección totalmente mermada. Por eso, para que pueda abandonar el grupo con éxito, se necesita un tratamiento de desprogramación realizado por especialistas que puedan restituir la personalidad original perdida por culpa del proceso adoctrinador recibido.

Llama la atención a muchos que no conocen este tipo de grupos lo absurdo de sus creencias: «¿Cómo alguien puede creer que habla por telepatía con extraterrestres que vendrán a buscarnos en un platillo volante?», piensan algunas personas. «Esa gente está loca», dicen otros. Ni están locos ni son estúpidos. Muchos de los miembros de las sectas son inteligentes, personas formadas intelectualmente.

Entonces, ¿cómo es posible que alguien con una cierta cultura se crea cosas tan ridículas? Lo mismo podríamos decir de las religiones establecidas: ¿cómo es posible que un médico, alguien que conoce el cuerpo humano, se crea la resurrección de Jesús? Y, sin embargo, muchos lo creen.

La clave del asunto es que las religiones y las sectas operan a nivel emocional. Creemos porque queremos creer, porque esas creencias satisfacen necesidades primarias en nuestra vida, aunque contradigan a la razón.

Algo que provoca fuertes emociones en los seguidores de las sectas es la idea de que han sido elegidos, de que han recibido una «llamada» para cumplir una misión extraordinaria que va a cambiar el destino de la humanidad. Creen que son la avanzadilla de una transformación fundamental. Sueñan que en un futuro toda la humanidad adorará a sus dirigentes y les erigirá monumentos, y que los seguidores serán admirados por ser los primeros en comprender la verdad definitiva. Se pone a los líderes a la altura de las grandes personalidades de la historia y muchos en su delirio incluso llegan a creer que son el nuevo mesías.

No deja de ser una paradoja que organizaciones donde se habla de la fraternidad, del amor, de la familia, desprecien a sus miembros y les exploten destruyendo su dignidad y su libertad. Lo único que importa es el grupo. Si hay que sacrificar a una parte se sacrifica, si hay que mentir se miente e incluso pueden llegar a suicidarse o a matar a otros si el líder así lo exige.

Todo lo que tiene un adepto está a disposición completa del grupo: su cuerpo, su tiempo, su dinero y también su vida. Nada pertenece a la persona. La organización es quien lo controla todo. El ser humano deja de ser un fin en sí mismo y se convierte en un medio.

Las sectas emplean expresiones y conceptos propios para diferenciarse del resto del mundo y generar así una identidad colectiva. Esto les sirve para aislarse del exterior. También suelen adoptar un aspecto similar. Se visten de la misma forma, incluso sus gestos se parecen. Se rapan la cabeza o se dejan el pelo o la barba larga. Se ponen túnicas o se visten con traje y corbata. Algunos usan hábitos y códigos en la vestimenta según la jerarquía que se ocupa en la organización.

Es normal que dentro del grupo los miembros cambien de nombre. Es una forma de indicar el inicio de una nueva etapa, de que somos otra persona: así se crea una nueva personalidad diseñada por el líder para el adepto. Todo esto busca fortalecer al grupo y anular la individualidad de sus miembros. Es una técnica más para fomentar que las personas se identifiquen con la organización, para que asuman la identidad grupal.

Una manera de reafirmar el adoctrinamiento es a través de la oración, la repetición de mantras, canciones o fragmentos de libros religiosos. Es una forma de interrumpir el pensamiento, de eliminar la capacidad crítica. No hay que pensar, solo repetir lo aprendido. De esta forma, el adepto se reafirma en la doctrina y elimina de su cabeza cualquier idea que le pueda apartar de su objetivo, es decir, del grupo al que pertenece. Muchas sectas enseñan a sus adeptos a recitar frases o canciones cuando sienten que la duda les embarga o creen que están siendo tentados por el mal.

Algo que caracteriza a los miembros de una secta es el entusiasmo que manifiestan por la doctrina y la organización, especialmente por los líderes. Tienen una energía tremenda, un fervor exagerado. Pueden dormir poco y trabajar sin parar durante días sin pedir nada a cambio.

Cuando estas organizaciones se dedican a actividades empresariales, y casi todas lo hacen para financiarse, es imposible competir con ellas. Sus miembros trabajan gratis hasta la extenuación. Hacen cualquier cosa que se les pida sin exigir nada a cambio, dando siempre lo máximo en todo. Es imposible que una empresa que pague sus impuestos y garantice los derechos laborales de sus trabajadores pueda hacer sombra a una secta. Por eso muchas de ellas llegan a tener un gran poder y a erigir imperios económicos a su alrededor.

La programación mental sectaria se refuerza a través de ceremonias y ritos diseñados para reforzar el poder del grupo y la posición de los líderes. A medida que va ascendiendo el adepto, debe pasar por pruebas, por rituales iniciáticos destinados a reforzar su lealtad hacia el grupo. Se hacen promesas y juramentos de todo tipo que buscan una obediencia ciega.

La organización pasa a controlar todos los aspectos de nuestra vida, incluso los más íntimos, como la sexualidad. Llegan a decirnos con quién debemos o no casarnos, cuántos hijos hay que tener, etc. El sexo es un instrumento más que sirve para dominar a los integrantes del grupo.

Hay sectas que atraen a miembros masculinos usando a mujeres como gancho. Otras incluso obligan a las mujeres a prostituirse para conseguir dinero. Es habitual que el líder, si es un hombre, tenga relaciones con todas las adeptas que desee, incluso con las que están casadas. Eso es algo que puede considerarse un honor dentro del grupo, ya que la importancia de los miembros se mide en función de su cercanía al líder.

Una manera de controlar la sexualidad es imponer el celibato obligatorio. De esta forma se logra una mayor implicación con el grupo, que es la única familia, ya que el adepto se ve privado de la posibilidad de casarse y de tener hijos. Así la organización se asegura de que las riquezas de sus miembros se las quede el grupo. Los que no cumplen ese voto deben mantener relaciones sexuales en secreto viviendo con el temor de ser descubiertos, algo que los condena a la hipocresía porque predican una abstinencia que no cumplen.

Las sectas se basan en la obediencia ciega. No educan, sino que adoctrinan en el cumplimiento estricto de las órdenes. En eso son como un ejército. Los líderes lo saben todo y lo único que hay que hacer es obedecerles sin rechistar. Se crea la sensación de estar en guerra con el exterior, lo que justifica ese régimen marcial donde la crítica es una forma de traición.

Ninguna organización nos puede conducir a la verdad. El camino del conocimiento es algo que cada uno de nosotros debe recorrer en solitario. No hay ninguna religión, secta o escuela filosófica que pueda hacer ese trabajo por nosotros. Todas ellas son falsas porque cosifican la verdad, la elevan a un altar y la adoran. Y al hacerlo convierten lo verdadero en falso, en una sombra de lo que fue. Las sectas trabajan para conseguir más poder, más seguidores y, sobre todo, más dinero. Eso es lo que realmente les interesa.

Esos grupos son una muestra extrema de muchos males que están profundamente arraigados en la sociedad, en la mente humana. El deseo de que otros nos digan lo que tenemos que hacer, de seguir a un líder carismático. La búsqueda de respuestas fáciles a problemas difíciles. Las sectas se aíslan del mundo y lo culpan de todos los males. Crean una pequeña sociedad totalitaria donde unos pocos explotan a la mayoría utilizando el miedo, su debilidad, su deseo de formar parte de un colectivo, de tener una ideología o creencia que dé un sentido a su vida, a una existencia que a muchos les produce sufrimiento y les parece vacía.

La libertad que tanto deseamos nunca la lograremos dentro de una secta o iglesia. Solo la comprensión profunda de nosotros mismos nos conduce a la liberación de todos los errores que aprisionan a nuestra mente. Si somos capaces de ver el miedo que nos atenaza, si comprendemos lo que hay en lo más profundo de nuestro interior, la angustia que nos produce la vida desaparece. Se transforma en creatividad, en el impulso para trabajar en mejorar lo que nos rodea.

Entonces nunca desearemos entrar en ningún grupo para seguir los dictados de personas inmorales que se alimentan de las inseguridades de los demás. Debemos rechazar a los que en nombre de una verdad revelada pretenden ser obedecidos y adorados. Cuando vencemos al miedo, el pensamiento libre es posible.

El miedo a la muerte

Imaginemos a la persona que más queremos en el mundo. A nuestro padre o madre, un hermano o un hijo, una esposa o un marido. A veces esa relación profunda se rompe de manera abrupta e inesperada con la cruel llegada de la muerte. Esto nos provoca un intenso sentimiento de dolor que nos acompaña toda la vida, como una pesada carga.

La pérdida del ser amado nos produce unas cicatrices interiores tan dolorosas que solo el paso del tiempo consigue mitigar, pero que siempre estarán con nosotros el resto de nuestros días. Todos, en un momento u otro, acabamos pasando por ello. Y cuando esto sucede, las lágrimas y la tristeza son tan intensas que sentimos que nos rompemos de dolor por dentro.

En esos terribles momentos, cuando a veces la vida parece absurda y sin sentido, es cuando buscamos respuestas a ese dolor que nos hunde en el abismo de la desesperación. Queremos un escape, algo que nos ayude a superar la tristeza.

Entonces es cuando aparece en escena la religión. Muchas personas que en su vida cotidiana ignoran el fenómeno religioso y viven de espaldas a él en esos momentos, cuando se enfrentan a la muerte, encuentran en la religión un alivio a la pena que aflige sus corazones.

«No tengas miedo —nos dicen los seguidores de las múltiples iglesias que pueblan el mundo—, esa persona que tú amas y que es tan importante para ti no ha muerto realmente, sino que te aguarda en la otra vida, donde está esperando para reunirse contigo».

Ese sencillo mensaje tiene una fuerza extraordinaria. Es una semilla que arraiga fácilmente en el corazón de los seres humanos. No hay un miedo más profundo y primario que el miedo a la muerte.

Todo el mundo sabe que en algún momento deberá afrontar el fin de su existencia. Entonces el dinero o el poder que podamos haber acumulado a lo largo de toda una vida no pueden librarnos de ese inevitable destino. Cada vez que vemos morir a otro, sobre todo si son personas cercanas, vivimos nuestra propia muerte que vemos reflejada en los demás.

No es el amor lo que impulsa a la religión, lo que la dota de ese extraordinario poder seductor que tiene, sino que es el miedo, el deseo de vivir para siempre, de encontrar un sentido a una vida que tarde o temprano se acabará. Lo que nos da la religión es seguridad psicológica, es tranquilidad en el momento final de la existencia, una forma de superar la pérdida de nuestros seres queridos.

Sin embargo, debemos pagar un alto precio por ello. Nos entregamos a los brazos del irracionalismo, de una fe ciega que niega la razón que nos hace humanos. Nos esclavizamos al seguir dogmas que hombres iluminados han inventado para dominar a otras personas.

Debemos afrontar en toda su crudeza el problema de la muerte. Si no lo comprendemos, jamás entenderemos el fenómeno de la religión ni la esencia profunda del ser humano. Algunos, de manera irresponsable, ridiculizan las imágenes de las creencias religiosas y no son conscientes del enorme poder seductor que poseen. Estamos abordando un fenómeno central de la existencia humana. No olvidemos que la mayoría de las personas, en todos los rincones de la Tierra, creen en algo sobrenatural.

Dejemos de lado cualquier prejuicio, cualquier ideología que pretenda explicar de manera simple el complejo fenómeno de la religión. No nos sirve tampoco una aproximación histórica, un estudio comparado de las religiones o un análisis de sus orígenes.

Queremos ir más al fondo, queremos entender la esencia misma de la religión, los principios sicológicos que alimentan a ese fenómeno. Y esto no lo lograremos con una aproximación meramente intelectual o historicista.

Comprender la religión es comprender la esencia misma de la persona. Y sin ese análisis introspectivo nos quedaremos siempre en la superficie, en una explicación parcial y, por lo tanto, falsa.

¿Por qué sentimos tristeza cuando una persona querida muere? Analicemos con cuidado este fenómeno. Si logramos entenderlo en toda su complejidad, encontraremos muchas claves que nos permitan interpretar el fenómeno religioso.

El amor casi siempre es una forma de apego. Es sentirse ligado a otro. Es pensar que solo podemos estar completos cuando tenemos cerca a la persona amada. Es difícil explicar con palabras ese sentimiento. Es la emoción de la madre que coge en sus brazos al niño recién nacido, la mirada de los jóvenes amantes, el abrazo que un padre da a su hijo el día de su cumpleaños. Nos sentimos a gusto si estamos con nuestros seres queridos.

No obstante, cuando la muerte aparece, todo se convierte en gris y oscuro, esa alegría, que casi sin darnos cuenta nos llenaba, se convierte en una pesada carga. Las sonrisas del pasado se transforman en lágrimas.

Luchamos con todas nuestras fuerzas contra la muerte. Cuando estamos enfermos, buscamos a los mejores médicos, recurrimos a cualquiera que pueda ayudarnos a evitar lo inevitable. Y cuando ésta llega, nos empeñamos en buscar culpables, en criminalizar a los que nos prometieron ayuda. Nos cuesta aceptar que el fin ha llegado y que nada podemos hacer para evitarlo. Esto nos genera un profundo sentimiento de frustración, de rabia, nos parece injusto que aquel al que amábamos nos haya dejado para siempre.

Queremos respuestas. Deseamos vencer a esa muerte terrible que nos ha arrebatado lo que más queríamos. El apego nos hace aferrarnos al pasado, a los momentos hermosos que vivimos con la persona que ya no está. Por eso cada vez que recordamos o vemos algo que nos recuerda a ella, el dolor se hace más intenso.

Muchos, para evitar esa tristeza, esconden los retratos del muerto, intentan que su recuerdo no se haga presente a cada momento. Los que son incapaces de superar el pasado se condenan a sí mismos a sufrir por alguien que ya no existe y que jamás volverá.

Algunos incluso idealizan al ser perdido, lo convierten en un símbolo de todo lo hermoso y bello, y la vida nos parece algo sin valor porque ya no podemos estar con la persona querida.

El paso del tiempo consigue mitigar ese dolor. El olvido hace que ese recuerdo doloroso se vaya enterrando cada vez más hondo en nuestra mente. No obstante, esa cicatriz sigue estando ahí porque no hemos afrontado de una manera total y descarnada el problema de la muerte. Arrastramos ese dolor para siempre y soñamos, muchas veces secretamente, con volver a reunirnos algún día con la persona querida en la otra vida.

Solo podemos superar el problema de la muerte dejando de vivir en el pasado, disfrutando del presente, liberándonos de los recuerdos del ayer. Esto no quiere decir que tengamos que olvidar, sino que debemos dejar de estar aferrados mentalmente a un tiempo que no volverá. Únicamente viviendo en el ahora, lograremos que el pasado deje de lastimarnos, que no se convierta en una pesada cadena que nos impida gozar el brillo del presente.

El ayer nadie lo puede cambiar. Los hermosos momentos que vivimos junto a otros ya no existen, pero nunca podremos gozar del presente en toda su intensidad y belleza si nos entregamos a la compasión por nosotros mismos, al recuerdo de unas personas que han dejado de existir para siempre. Cuando morimos para el pasado, renacemos para el presente y dejamos de estar preocupados por un futuro que no existe. Entonces es cuando podemos alcanzar una felicidad completa.

Sin embargo, nos rebelamos contra esto. Lo que queremos es que nuestra madre o hijo muertos sigan vivos en algún lugar, volver a abrazarlos, a sentir esos bellos sentimientos que experimentamos junto a ellos. Queremos que el futuro sea igual al pasado idealizado anterior a la pérdida.

¿Qué hace la mente humana para encontrar una respuesta a ese deseo? Recurre a su capacidad fabuladora. Una forma de definirnos sería decir que somos seres que inventan historias y mitos. La imaginación es, sin duda, una de las facultades básicas de la inteligencia. Esto no es malo necesariamente. Gracias a esa fantasía desbordante podemos disfrutar de historias maravillosas, novelas y poesías. La perversión de la imaginación se produce cuando queremos hacer pasar por realidad lo que es ficción. Cuando lo real es sustituido por lo imaginario.

El miedo a la muerte nos hace inventarnos mitos creados para vencerla. Nos imaginamos un cielo maravilloso y un Infierno terrible donde somos recompensados por nuestros pecados, donde la muerte deja de existir gracias a una vida eterna, donde ya no habrá más sufrimiento y dolor. Inventamos el mito de la reencarnación, la idea del alma, la resurrección de los muertos y muchas otras complejas fantasías que en el fondo son solo una respuesta al miedo que nos produce nuestro inevitable fin.

Las religiones han llegado a un extraordinario grado de sofisticación en esas fantasías. Se nos habla de fantasmas, de seres extravagantes como diablos, ángeles y entidades sobrenaturales de todo tipo. Nada habría de malo en estas creencias si se limitaran al ámbito de la creación literaria. Por desgracia se convierten en ficciones adoradas por millones de personas, en iconos que elevamos a los altares y por los que algunos están dispuestos a morir y a matar. Ahí radica una de las principales perversiones de la religión. Pretende que la fantasía se imponga sobre lo real.

Las iglesias del mundo se han edificado no sobre los pilares del amor, sino sobre el miedo a nuestra propia muerte y sobre el deseo de una vida eterna donde el sufrimiento acabe para siempre. El éxito que la religión ha tenido es quizás la mayor prueba de la profunda irracionalidad que domina a la mayoría de los seres humanos. De cómo nuestros sentimientos, miedos y deseos nos acaban empujando a creer en cosas que contradicen todo lo que sabemos del mundo que nos rodea.

Si no afrontamos el problema de la muerte, jamás podremos comprender la esencia de la religión. De esa comprensión es de donde tiene que surgir el abandono de cualquier creencia religiosa. Cuando entendemos el sentido de este fenómeno, cuando nos damos cuenta de que es solo un escape de la mente humana al problema de la muerte, a nuestra ignorancia y a tantas inseguridades que nos acechan. Cuando entendemos esto, no intelectualmente sino en lo más profundo de nuestro ser, comprendemos lo absurdo que es seguir aferrándonos a creencias infantiles.

Ser adulto es asumir la dureza de la vida, aceptar la muerte como una parte más de nuestra existencia y no buscar escapatorias que no conducen a ninguna parte. Sin embargo, la mayoría de la humanidad prefiere seguir viviendo como niños que deben ser guiados por otros en la búsqueda de la verdad.

La muerte deja de ser un problema cuando la aceptamos como una parte más de la vida, como nuestro destino inevitable. Si asumimos lo que es, entonces no necesitamos inventar escapatorias, solamente tenemos que aprender a vivir lo mejor que sabemos porque esta es la única vida que existe.

Al escapar de un problema, y eso es lo que hacemos al asumir creencias religiosas, no resolvemos lo que nos angustia. El dolor sigue estando ahí, agazapado, y puede volver a surgir en cualquier momento. En cambio, si afrontamos el problema de la muerte, sin huir de ella inventando extraños mundos, el alma o la reencarnación. Si somos capaces de mirar a la muerte a la cara y darnos cuenta de que su rostro es el nuestro, de que forma parte inevitablemente de nosotros, entonces, aceptándola como una parte más de nuestra vida, es cuando deja de angustiarnos y la religión se convierte en algo inútil, en un ritual social carente de sentido.

He comenzado esta reflexión hablando del dolor que nos produce la pérdida de un ser querido cercano. La pregunta que alguien puede plantearse aquí es la siguiente: ¿cómo superar esa muerte sin la ayuda de la religión? Esta es sin duda una cuestión fundamental que debemos abordar.

A muchas personas la vida les parece pobre y vacía. Creen que no tiene demasiado sentido nacer, trabajar durante décadas en algo que no nos gusta y, finalmente, morir. Eso les parece un destino horrible y desean que haya algo más hermoso después de la muerte, un mundo sin dolor y sufrimiento lleno de alegría donde el bien siempre triunfa sobre las oscuras fuerzas del mal.

Esta idea es terriblemente equivocada. Lo es porque nos impide trabajar con toda la intensidad de la que somos capaces para mejorar la sociedad. Ese dolor y esa miseria que vemos a nuestro alrededor son un reflejo de lo que somos en nuestro interior. El mundo es cruel y violento porque la mayoría de las personas son crueles y violentas. Nosotros somos el mundo. Nosotros hemos construido la sociedad. Y en vez de aceptar nuestra responsabilidad sobre lo que hemos creado, preferimos escapar de ese horror a través de la religión, imaginando una vida eterna que es una fantasía.

Cuando aceptas que la muerte es el fin y comprendes que esta vida es lo único que tenemos y que, por lo tanto, es extraordinariamente valiosa, si entiendes esto, todo se transforma a tu alrededor.

Aquí no estoy hablando de una comprensión de carácter intelectual, como la que hacemos cuando realizamos una operación matemática. Me refiero a ser consciente plenamente teniendo una vivencia profunda de lo que significa. Y esto implica entender todas las consecuencias de esa idea integrándola como una parte de nosotros. Si logramos ese nivel de comprensión, la aceptación de la muerte no es un concepto abstracto, sino una parte fundamental de nuestra manera de ver el mundo.

En el momento en que hemos aceptado con todas sus consecuencias la finitud de la existencia humana, cada instante se convierte en irrepetible, cada segundo de nuestra vida es valioso porque ya no habrá otra realidad después de la muerte donde podamos construir una sociedad perfecta. Este mundo, esta vida que tenemos, y que muchos desperdician haciendo daño a otros y a sí mismos, es todo lo que tenemos y por eso es el tesoro más valioso que existe.

La negación de la otra vida y de la religión no conduce a la tristeza, sino que es el mejor camino para superar la pérdida de los seres queridos y el miedo que muchos tienen a su propia muerte. Todo comienzo tiene un final. Y debemos aceptar ese fin si queremos apreciar lo que somos. Es un error engañarnos a nosotros mismos creyendo que algún día volveremos a encontrarnos con las personas amadas que la muerte arrebató de nuestro lado.

De esta forma, las cicatrices que nos provoca la pérdida jamás pueden ser sanadas del todo, son heridas abiertas que nunca dejarán de sangrar mientras alberguemos en nuestra mente la creencia de un reencuentro que no se producirá.

Aceptar la muerte de aquellos a los que hemos amado no significa dejar de quererlos, sino que convierte el recuerdo de los instantes que pasamos juntos en algo irrepetible y único. Por eso es tan importante que dejemos de soñar con mundos fantásticos y apreciemos la belleza de lo que nos rodea, que vivamos en toda su intensidad los momentos hermosos del presente.

Alguien puede preguntarse cómo estoy tan seguro de que la muerte es el fin, de que lo único que queda de nuestro paso por este mundo es el recuerdo que los vivos tienen de nosotros, las huellas que dejamos. A mí, en cambio, lo que me resulta extraño es que haya tantos millones de seres humanos que se nieguen a ver lo evidente, que se aferren a la incierta posibilidad de una vida eterna.

Lo que sucede cuando alguien muere es lo que todos vemos que pasa. Su cuerpo se descompone, vuelve en cierto sentido a la naturaleza de la que surgió y la persona fallecida deja de existir. Podemos seguir creyendo que esto no es así, negarnos a ver lo que tenemos delante. Eso solamente son escapatorias, muestras de nuestra debilidad.

Después de miles de años, en ningún lugar del mundo, se han encontrado pruebas objetivas que nos demuestren que existe algún tipo de vida más allá de la muerte física. Y no creo que jamás se encuentre nada de todo eso. Lo que sucede en el fondo es terriblemente simple, aunque muchos prefieran cerrar los ojos y sigan alimentando creencias irracionales.

Nos da miedo la muerte, queremos seguir viviendo para siempre, deseamos que la gente que amamos pueda estar siempre a nuestro lado. Y por eso inventamos mundos sobrenaturales.

La religión es una forma de autoengaño. Una escapatoria que no conduce a ninguna parte. Es, además, una huida peligrosa porque impide que afrontemos el problema de la muerte con toda su intensidad. Al dejar que las vanas esperanzas de una vida eterna nos distraigan de la enorme tarea de transformar nuestro mundo, nos estamos apartando del camino verdadero que nos permitirá construir un futuro mejor para todos.

No tengamos miedo a la muerte. Debemos aceptarla como el fin natural de toda vida. Dejemos de refugiarnos en vanas esperanzas, soñando con reencuentros imposibles. Luchemos con todas nuestras fuerzas por intentar mejorar lo que nos rodea. Disfrutemos de cada instante, de cada segundo. Nuestro tiempo es limitado. No hay segundas oportunidades. La vida únicamente se vive una vez, por eso tenemos la enorme responsabilidad de hacer algo útil y valioso con ella.

Cuando vencemos a través de la comprensión a la angustia que nos provoca la muerte, la religión se convierte en algo inútil, en un relato vacío que nada aporta a nuestras vidas. La creencia en una existencia eterna es una fantasía de la mente humana, una respuesta imperfecta a nuestra incapacidad para aceptar el fin como una consecuencia natural de toda vida.

Una prueba de que la religión y la muerte están necesariamente unidas la vemos en el hecho de que las iglesias del mundo suelen estar llenas de personas mayores, de gente que ya se acerca al fin de su vida. Muchos viven gran parte de su existencia de espaldas a la religión. Dicen ser creyentes y, sin embargo, sus actos contradicen esas creencias que afirman seguir. Hablan del amor a Dios, pero van a la guerra, matan a otras personas, roban, son avariciosos y crueles con los que los rodean. No obstante, cuando sienten cerca el aliento de la muerte acuden a la religión buscando una respuesta a ese fin inevitable.

En vez de afrontar lo que han hecho, es más fácil soñar con una vida eterna, confesarnos, rezar alguna absurda oración y suplicar el perdón divino. Al hacerlo buscamos una escapatoria. No queremos asumir los errores que hemos cometido y nos asusta el pensar que nuestra vida no ha sido virtuosa, sino vacía y sin sentido. Queremos otra oportunidad. Deseamos ser perdonados y liberarnos de la angustia que nos provoca la muerte.

Todo esto es inútil. Sin embargo, es mucho más sencillo que afrontar la verdad de los hechos, que asumir que la vida se acaba y que quizás no la hemos utilizado como deberíamos. Este miedo es el que alimenta a la religión, el que ha permitido a muchas instituciones religiosas acumular enormes bienes materiales. Esa seguridad falsa que nos proporcionan no es gratis. Pagamos un alto precio por ella. Y muchos la utilizan para cimentar su poder sobre otros, para construir poderosas organizaciones.

Estoy seguro de que si el ser humano fuera inmortal, la religión tendría un papel marginal. Es nuestra incapacidad para aceptar la finitud, para asumir la muerte, la que crea e impulsa el fenómeno religioso. A pesar de que la Tierra tiene millones de años sabemos que algún día, de aquí a mucho tiempo, también desaparecerá. El Sol que permitió la vida en nuestro planeta acabará destruyendo el Sistema Solar. El mundo que conocemos dejará de existir. Y es probable que el universo, que todos los miles de millones de galaxias que lo pueblan, dentro de un periodo de tiempo casi imposible de concebir para nosotros, también deje de existir.

No tiene ningún sentido creer que el ser humano, que es solo una pequeña mota de polvo en el inabarcable océano cósmico, pueda vivir para siempre. Cuando comprendemos nuestra propia finitud, nuestra insignificancia desde un punto de vista cósmico, vemos que somos una pequeña pieza dentro de un inabarcable universo que apenas conocemos. La eternidad es una creación de nuestra limitada mente humana. Un sueño imposible al que nos aferramos porque no queremos aceptar el fin inevitable que nos aguarda.

Morir para la sociedad

La familia es el lugar donde realmente se forma una persona, más que en la escuela, en un instituto o universidad. Son nuestros padres los que nos educan en la religión, los que nos legan nuestra pertenencia a un determinado credo. Si ellos son cristianos o musulmanes, lo normal es que nosotros también lo seamos, porque casi siempre los hijos adoptan la religión de sus padres.

Siempre he creído que educar debe hacerse desde la libertad, dejando que los más pequeños puedan elegir su propio destino. Aunque debamos guiarlos, suya debe ser la responsabilidad de tomar sus propias decisiones.

Por desgracia la mayoría de los padres no comparte esta opinión. Piensan que educar consiste en hacer que sus hijos tengan las mismas ideas que ellos. Si son cristianos, por ejemplo, los enviarán a una escuela donde les inculquen esas ideas y valores en los que creen. Los bautizarán siguiendo el rito de su confesión y harán todo lo posible para que tengan las mismas creencias religiosas.

Todo el mundo quiere que sus padres sean felices, que se sientan orgullosos de lo que uno es. No queremos decepcionarlos. Necesitamos su aprobación, su consuelo, su amor y su cariño. Por desgracia, detrás de todos esos buenos sentimientos, lo que se oculta es terriblemente cruel. Y esto lo percibimos si analizamos el tema de la religión dentro del ámbito familiar.

Imaginemos una familia profundamente creyente. La confesión no importa porque en este asunto casi todas se comportan de la misma forma. Esta familia, por supuesto, hará todo lo posible para que sus hijos sigan sus mismas creencias, practiquen sus mismos rituales y formen parte de la misma comunidad de creyentes. Vigilarán que no se aparten del camino de la fe verdadera, los enviarán a escuelas donde los adoctrinarán día tras día en esa religión.

Este proceso de adoctrinamiento mental suele ser eficaz. Si vivimos en una sociedad musulmana, toda nuestra familia es musulmana, si vamos a una escuela musulmana y desde pequeños se nos ha educado para ser musulmanes es difícil que alguien pueda rebelarse contra ese destino.

Sin embargo, en casos excepcionales, esto sucede. Siempre hay personas que, por determinadas circunstancias, en un ejercicio de libertad heroica deciden rechazar el camino de la fe que desde pequeños les habían obligado a seguir.

Entonces percibimos la enorme crueldad de todo este proceso de esclavitud mental inducida por la sociedad. Los padres se sienten decepcionados cuando algo así sucede. Nuestra madre llora y nuestro padre se lamenta por tener un hijo tan desagradecido. Intentan convencernos de que volvamos al camino correcto de la religión, que abandonemos el ateísmo o cualquier otra creencia que hayamos podido adoptar, pero que es distinta a la que ellos tienen.

Esta forma de actuar, normal en muchísimas familias, muestra el horror de la religión. No se nos da la posibilidad en una sociedad fuertemente teísta de seguir nuestro propio camino. Desde el día en que nacemos se nos inculcan una serie de prejuicios religiosos y se nos presiona por todas partes para aceptarlos como propios.

Y si decidimos rechazar la religión de nuestros padres, debemos pagar un altísimo precio por ello. En algunos casos extremos incluso hay familias que han renegado de sus propios hijos, los han expulsado de su casa porque en un ejercicio de libertad han decidido rechazar las creencias que otros les han dicho que deben tener.

Esto no deja de ser un chantaje emocional, una forma de manipulación psicológica. Hay padres que solo están dispuestos a querer a sus propios hijos mientras sigan teniendo las mismas ideas y creencias que ellos tienen. Les marcan desde pequeños un camino que deben seguir y si se apartan de él los castigan, les dicen que se sienten decepcionados, tristes, que son la vergüenza de la familia, que están equivocados, que ellos no se merecen eso, que han trabajado para nosotros desde siempre y que les hemos pagado con la ingratitud y la traición.

Por eso muchas personas deciden refugiarse en la hipocresía. Siguen participando en los ritos religiosos familiares, bautizando a sus hijos, casándose en una iglesia o según el rito religioso de la confesión que siguen. Llevan una vida de creyentes, pero, en el fondo, no creen en la religión que dicen seguir. Tienen miedo de las consecuencias que tendrían para ellos el hacer público lo que piensan en lo más íntimo de su ser. Prefieren una vida hipócrita que afrontar hasta el final las consecuencias de sus ideas, de su falta de fe en la religión de sus padres.

¿Cómo afrontar esto? La mayoría prefiere eludir el problema. Aceptan el hecho religioso como un legado familiar sin ni siquiera cuestionarse aquello en lo que creen. Evitan el conflicto y, aunque no crean en la religión a la que oficialmente pertenecen, prefieren seguir guardando las apariencias y beneficiarse del respaldo del grupo. Así pueden seguir conservando intacto el cariño de los suyos, aunque en su fuero interno piensen que todas esas ideas religiosas son vanos mitos que carecen de sentido.

Una vida así, sin duda, es bastante cómoda, aunque no deja de ser una completa falsedad. Si no asumimos de manera total las consecuencias de nuestras ideas, siempre habrá en nuestro interior un sufrimiento, una contradicción que podemos intentar evitar, pero que está ahí, aunque no queramos verla. Una existencia hipócrita es falsa y, por lo tanto, carente de valor. Es la vida de alguien que sigue siendo un esclavo de los otros.

Por eso cuando algunos reúnen el suficiente valor para confesar a su propia familia sus creencias, su falta de fe, ese proceso es visto como una liberación y pocos se arrepienten de dar ese paso. Debemos llevar una vida acorde con nuestras ideas, que sea coherente con lo que somos, evitando una falta de sintonía entre el pensamiento y la acción. Ser libre siempre es más deseable que la comodidad hipócrita de seguir los convencionalismos sociales.

Lo curioso de todo este asunto es que muchas de estas personas que se aferran a su credo, en el fondo, tampoco saben demasiado de él. No han reflexionado sobre su religión ni tienen un conocimiento profundo de sus propias creencias. Simplemente han aceptado una determinada fe por tradición, por influencia social. No ha habido un proceso de reflexión previo.

Tampoco en ningún momento de su vida han decidido libremente aceptar la religión de su familia. Solo hacen lo que se supone que tienen que hacer, lo mismo que han hecho casi todos los que los rodean. Son esclavos sin saberlo del grupo, de la autoridad que la sociedad ejerce sobre todos nosotros.

Hay muchas maneras de llegar al mismo sitio. Y a veces la diferencia fundamental no está en el destino, sino en el sendero que recorremos para alcanzarlo. Esto se puede aplicar a muchas cosas en la vida, también a la religión. Alguien puede haber aceptado por tradición una determinada fe. No obstante, si ha estudiado su historia, sus dogmas y creencias, puede llegar a tener un conocimiento profundo de ella, algo que sin duda contribuirá a hacer más fuertes sus convicciones. De la misma forma, es posible rechazar la autoridad social y aceptar una religión o el ateísmo por propia iniciativa, sin seguir a otros. Estos caminos, aunque puedan conducir al mismo lugar, son radicalmente diferentes.

La fe más débil, sin duda, es la que fomenta la autoridad social. Es una costumbre que puede ser abandonada cuando deja de ser útil, cuando ya no nos reporta beneficios. Mucho más fuerte es la creencia religiosa cuando hay todo un proceso interno de reflexión sobre lo que se cree. Ese reflexionar no tiene que llevar necesariamente a reafirmarnos en la religión, sino que puede conducirnos a su rechazo.

No obstante, siempre que decidamos por propia voluntad nuestro camino, lo seguiremos con mucha más fuerza y convicción que si ese sendero nos es señalado por otros.

Por desgracia, la mayoría de la gente no quiere pensar sobre aquello que cree, sobre sus convicciones más profundas. Es más fácil dejarse llevar, seguir a los otros, hacer lo que se supone que tienes que hacer. Muchos no tienen interés, ni la capacidad ni el deseo de cuestionarse lo que los demás les dicen que tienen que pensar.

Si esto sucede, la libertad es una fantasía, una vana ilusión que nos hace creer que nuestras ideas nos pertenecen, cuando realmente son propiedad de otros. Nosotros solo nos dedicamos a repetir mecánicamente lo que la sociedad nos ha dicho que debemos pensar. Somos el eco de ideas que no son nuestras.

Avancemos en esta reflexión sobre las relaciones entre la religión y la sociedad. Nos hemos centrado primero en la familia. Sin embargo, la importancia del fenómeno religioso sin duda excede este ámbito tan restringido. La religión es más que una tradición familiar, es un rasgo social, una seña de identidad para muchos grupos humanos. Existe, además, una fuerte unión entre el poder político y las jerarquías eclesiásticas.

Imaginemos un político ambicioso que desea llegar a los más altos cargos de poder. ¿Qué debe hacer para conseguir ese objetivo? ¿Debe quizás decir siempre lo que piensa, ser sincero con sus posibles votantes? Por desgracia es evidente que no. Si lo hace, se arriesga a sufrir el rechazo de los otros. Por lo tanto, está obligado a ocultar aquellas ideas que puedan desagradar a la mayoría. Cuando deseamos ardientemente el respaldo social, nos convertimos en prisioneros de los demás. No somos libres para expresar lo que pensamos porque tenemos miedo a ser rechazados.

Si alguien desea tener una brillante carrera política en Estados Unidos, o en cualquier otro país donde la religión sea importante, está obligado a ser teísta, a abrazar una confesión religiosa, aunque no crea en ella. Si no lo hace, si expresa una opinión contraria a la de la mayoría en este asunto, su carrera se habrá terminado.

Si nos paramos un momento a pensar en este asunto, nos daremos cuenta de lo absurdo que es. No nos importa que el político pueda desempeñar bien su trabajo, que sea una persona formada, honesta y trabajadora. A la mayoría simplemente le preocupa que siga toda una serie de convencionalismos sociales sin sentido. Y si alguien los desafía, debe sufrir el rechazo del grupo y toda su ira.

En una sociedad tolerante no deberían importarnos las convicciones filosóficas que la gente pueda tener sobre la religión. Si son creyentes o no, si son cristianos, musulmanes, agnósticos o ateos. Deberíamos juzgar a las personas por su capacidad para desempeñar un cargo y por si son capaces de ayudar al bien común de la sociedad.

Sin embargo, esto no sucede. La mayoría de la gente actúa de la misma forma como lo hacen en sus propias familias. Es decir, quieren que el político sea como ellos son. Si son cristianos desean que el político sea cristiano, si son musulmanes, votarán a un político que sea musulmán. Todo esto es absurdo, ya que las creencias (o no creencias religiosas) no deberían jugar un papel fundamental en las decisiones que el representante público tenga que tomar sobre la gestión de lo colectivo.

Pero todo esto nos da igual. Lo que queremos es que esa persona que nos tiene que representar refleje lo máximo posible lo que nosotros somos, nuestras creencias y hábitos. Resulta bastante lamentable, sobre todo cuando hay elecciones, ver cómo los políticos buscan aparecer en los lugares que son frecuentados por la mayoría. Por ejemplo, si a la gente le gusta el fútbol, acuden a un lugar de honor en el palco del estadio para poder ser vistos disfrutando del partido. Quizás a muchos de ellos ni siquiera les interese ese deporte, aunque eso no importa. Lo relevante aquí es transmitir la impresión, generalmente falsa, de que los políticos tienen los mismos intereses que ellos.

No tengo la más mínima duda de que mucha gente que se aferra con fervor a la religión, que van los domingos a misa con toda la familia y la Biblia en la mano, abandonarían todas esas creencias si socialmente no les fueran útiles. Lo importante para ellos no es la verdad de aquello en lo que creen, sino su utilidad social.

Ni siquiera se han planteado si es cierto que el catolicismo es la única religión verdadera o si existe la reencarnación, tal como afirman algunas ramas del budismo. Muchos ni siquiera se toman en serio estas creencias y viven su vida sin seguir a esas religiones en las que dicen creer y a las que traicionan cada día.

Todo esto es una gran mentira. Una hipocresía socialmente aceptada. Muchos presidentes de importantes países dicen ser personas religiosas. Son visitados en sus influyentes despachos por pastores, leen la Biblia o cualquier otro libro sagrado, rezan los domingos antes de comer con toda la familia. Se llenan la boca con buenas palabras, hablan de Dios, del bien y del mal y afirman ser devotos.

Esas mismas personas, que suelen despreciar a los que no tenemos convicciones religiosas, después no dudan ni un instante en iniciar guerras y enviar a nuestros hijos a morir para satisfacer su propia ambición. Hablan del amor a Dios, pero manifiestan un profundo desprecio por la vida de los que están condenados a obedecerles. Viven cegados por su avaricia, por su ambición, por su deseo de poder. Y a pesar de todo ello no dudan en afirmar que son fervientes creyentes.

Cualquier persona sensata debería plantearse estas cuestiones, debería preguntarse cómo es posible que la gente siga aceptando a políticos que afirman ser personas religiosas cuando lo único que hacen es utilizar a la religión para sus propósitos egoístas. Si todos esos líderes, tan admirados por muchos, no fueran unos vulgares hipócritas, no harían la guerra, no permitirían que nos adoctrinaran para que después aceptemos sin protestar ir a matar a otros.

Estos políticos lucharían por el bien común, por los más débiles, por conseguir sociedades más justas y solidarias. Esto es lo que harían si fueran personas religiosas, si pensaran que todos somos hijos de un mismo Dios y que todo ser humano es único e irrepetible y merece que su vida sea respetada. Sin embargo, después de rezar en la iglesia, no dudan ni un instante en ordenar el asesinato de personas o en iniciar una guerra.

Hay una profunda conexión entre la religión y la política, entre el trono y el altar. Desde la noche de los tiempos han estado unidos. Hasta tal punto esto es así que muchos dirigentes políticos han sido y son, a la vez, líderes religiosos. Incluso en el antiguo Egipto a los faraones se les consideraba dioses.

En Europa tenemos una larga tradición de unión entre la Iglesia católica y los distintos reinos que han gobernado el viejo continente a lo largo de los siglos. El poder lo que desea es controlar al pueblo, que se mantengan sus privilegios y el orden social establecido que les beneficia. Para lograr este propósito, la religión es muy útil.

En primer lugar, sirve a los líderes políticos para reafirmar su propia posición y superioridad sobre los demás. De la misma forma que existe un Dios en el cielo, debe existir un rey en la tierra elegido por mandato divino. La jerarquía terrenal solo era un reflejo del orden celestial donde el Dios verdadero gobernaba el mundo gracias a su poder absoluto.

Esa divinidad suprema estaba acompañada, a su vez, por una corte celestial de ángeles y otros seres sobrenaturales dotados de gran poder y que vivían para servirlo. Esto establecía un paralelismo con la nobleza que apoyaba al monarca. Después, en lo más bajo de esa pirámide social, estaba el pueblo llano, que únicamente podía aspirar a ser gobernado por el rey y sus nobles.

Está claro que esta cosmovisión que vemos en el cristianismo y en muchas otras religiones es un invento humano. Una justificación de un orden social injusto. Hemos vivido durante miles de años en sociedades totalitarias, desiguales, no democráticas. Por eso toda esta mitología religiosa refleja la sociedad injusta que la ha creado.

No tengo la más mínima duda de que la religión ha sido un obstáculo que ha dificultado la construcción de sociedades más abiertas, libres y democráticas. Casi todos los tiranos de la historia, desde los reyes absolutistas hasta las dictaduras militares, con la excepción de los regímenes comunistas, se han valido de ella para tener un instrumento de control social.

Existe otra razón fundamental por la cual la religión ha sido útil para el poder político. Me refiero al hecho de que ayuda a que la gente se conforme con el orden establecido. La mayoría de los credos religiosos, especialmente los más numerosos, afirman que hay una vida eterna después de la muerte. Esta creencia, que es aceptada por millones de personas en todo el mundo, puede parecer algo inofensivo, una impresión que es, sin duda, equivocada.

Analicemos esto con detalle. Ya he dicho antes que este tipo de creencias se explican por el miedo a morir. No obstante, aquí no quiero hablar de su origen, sino de sus consecuencias. Si existe una vida después de la muerte, eso significa que nuestra existencia terrenal es insignificante, carente de valor frente a la enorme recompensa que nos aguarda cuando muramos. Está claro que no se puede comparar este breve período de sufrimiento con una vida eterna donde podremos ser felices para siempre al lado de nuestros seres queridos, si hemos sido merecedores de esa recompensa. La vida que conocemos no dejaría de ser un suspiro que apenas tendría importancia si la comparamos con ese más allá donde deberemos responder ante Dios de nuestros actos.

Las consecuencias que tiene esto son terribles. Significa que la vida de la gente apenas vale nada y que lo relevante es conseguir ese «más allá» que nos promete la religión. Una vez hemos asumido esta idea, nuestra propia muerte deja de ser importante si es en nombre de la fe que profesamos.

Este tipo de creencias explican muchas cosas. Por ejemplo, el fervor fanático con el que los cruzados europeos cristianos iban a luchar contra los llamados infieles para apoderarse de Tierra Santa. No les importaba dejar la vida en el empeño. Si ese sacrificio los enviaba al cielo cristiano y servía para purgar todos sus pecados, debían alegrarse de morir en nombre de una fe que consideraban la única verdadera.

No tiene ningún sentido luchar por un orden social más justo si el destino de la humanidad es esperar una muerte segura para disfrutar luego de una bienaventuranza eterna. Este tipo de creencias ayudan a los que desean conservar el orden establecido. La gente debe resignarse ante el sufrimiento enorme de la humanidad porque ese es el destino que Dios les ha dado. Lo único que pueden hacer es intentar seguir todo lo que les dicen los que afirman hablar en nombre de esa divinidad y conquistar, de esta forma, una felicidad perfecta en la otra vida que no han podido alcanzar en este valle de lágrimas.

No tiene sentido luchar contra el rey tirano que ha sido elegido por Dios para guiar al pueblo. No vale la pena preocuparse demasiado por conseguir sociedades más justas, igualitarias y felices. Todo eso son objetivos insignificantes que nos apartan del propósito último y fundamental: lograr la vida eterna.

Por eso el poder político, incluso en muchos Estados considerados democráticos, fomenta la religión y la considera útil para sus fines. A las oligarquías sociales les interesa que todo siga como está ahora, que sus privilegios se mantengan intactos. Y la religión ayuda a conseguir ese objetivo. Logra que las masas se conformen con sus vidas, que no luchen por cambiar las cosas, que acepten sin protestar su triste destino. Por eso la política siempre ha buscado y buscará estar cerca de las jerarquías religiosas. El controlar las creencias de la gente es un gran poder. Y los políticos lo que buscan es reafirmar más su posición utilizando a la religión para sus propósitos, para la perpetuación del orden social establecido.

De esta forma, las élites eclesiásticas consiguen influencia y control sobre sus seguidores. Cuantos más creyentes en su fe más poder. Y su apoyo al orden establecido no es gratis, sino que lo venden caro. Así se han edificado enormes catedrales, palacios suntuosos y se han acumulado cantidades extraordinarias de dinero a lo largo de los siglos.

Hablan del desprecio de los bienes materiales, de la poca importancia del dinero y del poder, pero, a la vez, en un ejercicio de hipocresía, se dedican a acumular inmensas riquezas. El poder político usa la religión para reafirmar sus privilegios. Y los que controlan esas religiones, las jerarquías eclesiásticas, consiguen a su vez extender su mensaje, dinero e influencia. Todos salen beneficiados de esa relación.

La religión tiene múltiples funciones en la sociedad. Una de ellas tiene que ver con la identidad del grupo al que pertenecemos. En sociedades profundamente teístas se considera parte de la esencia del país. Es el cemento que une a los distintos grupos que pueden convivir dentro de un Estado. Para ser un buen ciudadano se considera que hay que ser religioso, y los que no lo son es porque no son unos buenos patriotas. Cuando esto sucede, se considera a la fe mayoritaria como un bien social que debe ser protegido. Por eso se excluye, se margina o incluso se persigue penalmente a los que se apartan del camino señalado.

Este tipo de comportamiento lo que busca es presionar a la gente para que crea. En países como los Estados Unidos, que ha sido pionero en el respeto a la libertad religiosa, existe una fuerte presión social contra los ateos o agnósticos. Aunque formalmente se pueda creer en lo que se desee, los que optan por apartarse de las creencias mayoritarias deben sufrir duras consecuencias por ello. Pueden ser marginados en su propia familia y sus posibilidades de ascenso social quedan mermadas. Ya no podrán nunca aspirar a un cargo político importante o a ocupar cualquier otra posición de poder que necesite el respaldo del grupo. Todo esto contribuye a crear un clima social que nos empuja a caer en los brazos de la religión.

La identificación de una religión con el Estado es peligrosa. Sin duda la separación de la fe y del poder político debe ser considerada un avance social por el que hay que luchar. El espacio público tiene que ser neutro en este tipo de cuestiones porque solo así se admitirá la discrepancia. Es la única forma de crear un ámbito común de convivencia entre los distintos credos religiosos y los que no creemos. Se ha avanzado mucho en la deseable separación entre la religión y el Estado, aunque todavía queda un largo camino por recorrer.

Es cierto que en los regímenes comunistas se ha perseguido a la religión y se ha intentado, sin demasiado éxito, instaurar el ateísmo en la sociedad. Todo esto me parece un error. Tanto la creencia como la no creencia deben ser fruto de una decisión personal y el Estado no debe intentar imponer una determinada concepción filosófica.

Todo lo que he dicho hasta aquí lo que nos muestra es que el miedo es el motor de la religión: el miedo a la muerte, al grupo o a la soledad. No es el amor lo que nos impulsa a creer, sino que, muchas veces, es el deseo de sentirnos aceptados. No queremos sufrir las consecuencias de tomar una decisión que puede alejarnos de los senderos transitados por la mayoría.

No importa que nos rechacen, que nos silencien, que nos marginen, que nos nieguen la posibilidad de salir en los medios de comunicación, de ser políticos importantes o de conseguir cualquier beneficio económico o social. Todo eso debe darnos igual. La verdad puede tener un precio muy alto, pero cuando la alcanzamos siempre vale la pena pagarlo. Debemos ser libres si queremos alcanzar un estado mental que nos permita una comprensión profunda del mundo.

Cuando hablo de morir para la sociedad, lo que estoy diciendo no es que debamos apartarnos de los demás o evitar cualquier tipo de relación social. Lo que quiero decir es que no debemos ser esclavos de los otros, que no debe importarnos lo que piensen. Esto tampoco implica que los ignoremos o que creamos que lo que nosotros pensamos es siempre lo mejor.

No estoy hablando aquí de eso. Lo que quiero decir es que el camino de la verdad debe ser recorrido por cada uno de nosotros. Y para lograr este importante propósito, debemos rechazar las autoridades sociales y las ideas que la mayoría acepta como verdaderas. Solo siguiendo nuestro camino en total y perfecta soledad, podremos estar con los otros, porque nuestra relación con ellos ya no será la de servidumbre, sino que podremos vivir con los demás en plena armonía sin traicionar lo que somos.

Hay que morir para la sociedad y renacer para la verdad. Tenemos que rechazar los convencionalismos sociales, los prejuicios que desde pequeños nos han inculcado. El camino de la sabiduría empieza cuando dejamos de repetir lo que otros nos han dicho, cuando somos capaces de buscar el conocimiento sin las pesadas cadenas que los demás desean ponernos.